いざ、霊性の時代へ

～日本が導くアセンションへの道～

長堀　優

はじめに――いよいよ時代はパラダイムシフトを迎える

この国はこの先、一体どうなっていくのだろう、今、多くの日本人が漠然とした不安の中にいます。

日本は、第二次世界大戦で敗れた後、大きな戦乱の舞台となることもなく、奇跡とも言われる目覚ましい復興を遂げ、世界有数の経済大国への道を歩み続けてきました。

その結果、日本人は、便利で安価な生活用品やおいしい食べ物に囲まれ、表面的には豊かな生活を享受できるようになりました。

しかし、私たちは本当の幸せを手に入れることができたのでしょうか。

世は拝金主義、合理主義に染まり、「今だけカネだけ自分だけ」の風潮に翻弄《ほんろう》されているうちに、日本人の生き方からは、どんどん余裕が失われていきました。

勤労者の立場は年々弱くなり、低賃金でストレスの多い仕事や借金に追われ、疲弊していく人が目立って増えてきました。他人との関わりが薄れ、孤独に陥る人も増えています。

子供の虐待やいじめなど、人の尊厳や命を軽んじる事件も頻発し、残念なことに、すっかり「人に優しくない」社会になってしまったようです。

日本人が本来持っていたはずの互助、互敬の精神や自信と誇りも失われていく一方です。ついには、我が国が、世界でも指折りの超大国であることすら忘れてしまったかのようにも思えます。

金儲けが優先される社会は、貴重な食糧の流通にも過剰な負担をかけます。食料の六割以上を輸入に頼っているというのに、食品廃棄物等は一年間に二五五〇万トン、うち六一二万トンは、まだ食べられるのに廃棄される食品で、これは世界中で飢餓に苦しむ人々に向けた世界の食糧援助量の、何と一・六倍に相当します。

今や世界語となった日本の美徳「MOTTAINAI」精神は風前の灯です。

心ばかりではありません。

巷には、農薬や食品添加物まみれの食品が溢れ、産業や生活に伴って廃棄される有害物質による水や大気、土壌の汚染も深刻です。環境の悪化により、私たちの身体もどんどん蝕まれていきます。

社会生活に伴う精神的ストレスに加え、食、環境の劣化も伴い、残念ながら、我が国においては、がんによる死亡は増加の一途を辿っています。

第二次世界大戦の終戦から七五年を経過した今、日本人は自らが尊重すべき大切な考え方と生き方を見失い、真の危機を迎えたと言えるのではないでしょうか。

このような風潮は日本だけではありません。

地球の上では、貧富の差は広がる一方です。今この瞬間にも、多くの人が飢餓や疫病、紛争に苦しみ、命を落としています。国同士の関係を見ても、足ることを知らない強烈なエゴがぶつかり合い、絶えまない争いが続き、事態は悪化の一途を辿っています。

経済効率が優先される社会では、自然も破壊され続けていきます。今も世界のどこかで広大な熱帯雨林が失われ、海洋汚染も深刻の度を増すばかりです。

科学技術万能思想のもと、このまま拝金・営利主義中心の社会が続けば、そして私たちが、仕方がないと受け身の姿勢ですべてを受け入れていたら、人類は破滅に向かうしかありません。

人類による身勝手な環境破壊が、地球の恒常性を損ない、その結果として気候変動を生じさせ、生態系に重大な影響を与えていることに、私たちはもう気づかなければなりません。地球の征服者であるかのような人類の不遜な行動が、環境に過大な負担をかけるばかりではなく、人類自らの生存をも危うくしているのです。

この先も地球の環境を守り、地球に住むものすべての幸せと繁栄を目指すには、私たちは、これまで世を支配してきた考え方や価値観の大転換、パラダイムシフトと真剣に向き合い、これを達成していかなくてはなりません。

そのためには、私たちはまず、これまでの世の中をコントロールしてきた物質中心主義、拝金主義に代わる社会理念を探し出さなければなりません。しかも早急に見つけ出す必要があります。なぜなら、私たちに残された時間は決して長くはないからです。

では一体、今の時代に必要とされる理念とはどんなものなのでしょうか。存亡の危機に立たされる人類を救う手立てはあるのでしょうか。

この問いかけに答えることは、じつはそれほど難しいことではありません。

目に見えるものに価値を見出す物質中心主義が持て囃《はや》され、世の中の行き詰まりを招いたのなら、そのバランスを修正するためには、その真反対の理念、つまり、「霊性に根差した生き方」に目を向ける以外にはないからです。

「霊性に根差した生き方」とは、目に見えない存在に思いを馳せ、自らを生かす大自然に感謝を捧げ、愛と調和を尊重して謙虚に生きる、そしてこのような日々の営みに限りない喜びを感じる生き方であり、豊かな自然の恵みに溢れた日本列島の上で、私たち日本人が縄文の昔から慣れ親しんできた生活そのものです。

弱肉強食の経済体制から、愛に溢れた新しい仕組みの創設へ、その橋渡しを主導する者は、霊性を尊ぶ精神がＤＮＡの奥深くにまで刻み込まれた私たち日本人をおいて他にはいないのです。

残念ながら、近年日本人の精神性は貶《おとし》められ続け、民族としての矜持《きょうじ》も失われつつあります。

しかし、人類が危機を乗り越え、輝かしい未来を迎えることができるかどうかは、日本人が、自信と誇りを取り戻し、自らの本質と使命に気づき目覚めることができるのか、すべてこの一点にかかっています。

本書を通じ、皆様が、日本人として生まれたことに少しでも喜びを感じていただけるようになったら、筆者としてこれ以上の幸せはありません。

目次

いざ、霊性の時代へ

〜日本が導くアセンションへの道〜

イラスト／コウ

第一章

宇宙の根源は愛
～ミロクの夜明けは日本から～

日月神示が告げるミロク五六七の世の到来

昭和一九年六月一〇日、画家であり神典研究家でもあった岡本天明は、麻賀多神社（千葉県成田市）において、国常立尊《くにとこたちのみこと》と呼ばれる神霊の啓示を受け、自動書記により記したとされる文書「日月神示」を残しています。

この書には、二一世紀を迎えた日本の現状を見通したかのような言葉の数々とともに、この先日本人に必要となる態度や考え方が、厳しい叱咤とともに著されています。

「日月神示」原文を解読し、漢字仮名交じりの文章に書き直されたものは、特に「ひふみ神示」または「一二三神示」と呼ばれています。

本書では、幾度となく、「一二三神示」の内容を引用しますが、その主旨が余りにも現代の世相を言い当てていることに驚かれることでしょう。

『［一二三　現代語版「日月神示」』（岡本天明 著　奥山斎 補訂、以下いずれも同じ）には次の一節があります。

「一二三《ひふみ》の仕組が済んだら三四五《みよいず》の仕組ぞと申してあったが、世の元の仕組は、三四五の仕組から五六七《みろく》の仕組となるのぞ。五六七の仕組とは弥勒《みろく》の仕組のことぞ。」

（一二三神示　第三巻　富士の巻　第四帖）

五六七とは、弥勒《ミロク》（六六六）の世を現します。

弥勒とは、釈迦の入滅後、五六億七千万年後（五六七！）の未来に現れて、多くの人々を救うといわれている菩薩のことであり、愛と調和に溢れる未来社会の象徴です。

今世間を賑わせている新型コロナウィルス（正式名称：COVID-19）も五六七と表記できるのは偶然なのでしょうか。

この騒乱を超えた先に、光に満ちた輝ける世界の到来を示すシンボルとはいえないでしょうか。

二〇二〇年四月七日、新型コロナウィルス感染の広がりに対し、日本政府は緊急事態宣言を発令しました。私を含め医療者は、緊張感を強いられる日々が続きます。しかし、日本においては、中国や欧米ほど多数の重篤患者の発生はみられていないことは事実です。

その理由については後程考察してみたいと考えますが、世界におけるパンデミックが予断を許さない中で、日本が世界の復興のシンボルになれば、コロナ五六七は、まさにミロク六六六で象徴される新しき世への橋渡しになる可能性を秘めていることになるのです。

金やモノを追い求めた現代社会の理念が極まり、支配・被支配の関係が行き着いた先がどうなるのか、我々人類は大きな尊い犠牲を払いつつ、今こそ思い知りました。人類を本当に幸せにする生き方はどのようなものか、一人一人が真剣に考えなければいけない時期にさしかかっています。

今、私たちに求められている心構えは、協調性や分かち合いの精神を尊重しながら、大自然につながっていた日本古来の「霊性に根差した生き方」を思い出すことなのです。

全ての存在に命がある

二〇世紀初頭、物質中心の科学技術や合理主義では解決できない問題が、この世にすでに現われ始めていることを指摘し、この先に人類が直面するであろう存続の危機を予言していた人物がいます。

その人の名は、ルドルフ・シュタイナー（一八六一〜一九二五、六四歳没）、人智学の創始者として知られ、哲学、教育、医学、農業、建築などに幅広い影響を及ぼした偉大な思想家です。

シュタイナーは、物質中心主義の広まりとともに、人々の心の中の良心が〝それでよいのか〟と問いかけ始め、その声がだんだん強まっている、と語っています。

シュタイナーによれば、この良心の声こそがミカエルの姿であり、ミカエルは、私たち一人ひとりの心の中に常に生きているというのです。

ミカエルは、いつも、大丈夫、大丈夫と囁

ルドルフ・シュタイナー

いてくれている救いの神でもあります。

そして、私たちに

「思い切り苦しみなさい。

悪戦苦闘して、答えの出ない問題に苦しんでいるのは心を強くするため、無意味なことではない。

苦しむほど魂が成長しているのだ。」

と優しく語り掛け、諭してくれているのです。

南無阿弥陀仏と唱えれば仏とつながり、誰もが救われる、と教える大乗仏教と、シュタイナーの教えは深いところで重なっているかのようです。

ミカエルの声は、誰にでも聞こえるわけではなく、受け身の人の耳に届くことはありません。能動的に聞こうとしないと、その声が耳に入ることはないのです。

しかし、近年の物質中心主義の隆盛と共に、ミカエルの霊的な力が強まり、能動的にその声に耳を傾ける人が増えてきたとシュタイナーは語ります。そして、ミカエルの声を聞いた人たちは、これまでの価値観が転換されない限り、人類が生きていけなくなることに気づかされるのです。

では、物質中心主義全盛の現代社会において、最も求められる価値観とはどんなものなのでしょうか。

シュタイナーによれば、それはずばり、霊性に他ならないと言います。

我が国におけるシュタイナー研究の第一人者であり、慶應義塾大学教授でいらした高橋巌氏は、シュタイナーの考える霊性について、講演の中で次のように述べています。

「形になっているものは、形になりたいという意志が形になったもの、形がある物質は全て、神、霊的な働きにより作られている。

全てが受け身で作られた命であり、神の思いがその中に生きているのだ、どんなものにも霊的な働きが現れている。

その意味からは、形あるものは皆仲間であり、上下関係はない、助け合ってこの地球で生きていかなければならない。

皆がお互いのお陰様で生かされていることに気づく必要がある。

これからの時代は鉱物、植物、動物、人間が同じ様に尊い存在であることを知らなければならない、同じレベルで助け合わないとこの時代は乗り越えられない。

人間はクリエイションにかけては無力、葉っぱ一枚造れないし、命を物質の中に流すこともできないのだ。

人間はテクノロジーを用いれば、どんなことでもできると思っているが、素材をはじめから作ることなどできない。人間の能力など限られたものなのだ。

人間は、自らを最高の存在と思っているが、創造主から見れば無力である、鉱物、植物、動物と同じ存在に過ぎない。

二一世紀は、すべてが霊的存在であることを認めること、これが唯一の前提となる。

私たちは神によって作られた存在である。価値が転換する時代を迎え、この事実をどこまで謙虚に自覚することができるのか。

すべての存在が、いかに互いに愛の力で結び合えるか、世を覆う物質中心主義、営利主義に対するアンチテーゼはこれしかない。」

いかがでしょうか。霊性という概念を適確に表現し、この先私たちに必要となる態度を簡潔に示したなんとも格調高き提言ではないでしょうか。

華厳宗の思想にも「事事無碍法界《じじむげほっかい》」という言葉があります。宇宙のあらゆる生命、すべての事象が一つに溶け合い、関係しあい、一つになって生きることの幸せを説いています。この概念は、シュタイナーの語る理想の世界と見事に通じ合っています。

拝金主義、物質中心主義が極まった今こそ、偉大なる自然への畏敬、すべての命あるものとの調和を重んじる霊性を、私たちは思い出さなければならないのです。

霊性と科学

「身魂とは身と魂と一つになっているものを言うぞ。神の臣民、身と魂の分け隔てないぞ。身は魂、魂は身ぞ。外国は身ばかりの所あり。魂ばかりの所あり。神は身魂の別ないぞ。このこと分かったら神の仕組がボツボツ分かるぞ。」

（一二三神示　第一巻　上つ巻　第十四帖）

我が国には「心身一如《しんしんいちにょ》」という言葉がありますが、神示が語るように、日本人は古来、身体と心は一体と考えてきました。

しかし、西洋における物質中心主義の科学では、心と身体は別に扱われます。その最たるものが、私も関わっている西洋医学です。西洋医学の対象は目に見える身体であり、心を扱うことはあまり得意ではありません。ましてやその奥にある魂などは、研究の対象外でした。霊性についても、学術的な場で取り上げられることはありませんでした。

一九九八年、世界保健機関（ＷＨＯ）委員会が、健康の定義に「霊的（spiritual）」を取り入れる提案をしましたが、翌年の総会において討議の対象から外されています。

とは言え、時代は今、大きく転換しようとしています。シュタイナーや一二三神示の語る意識と物質の一体性については、もはや非科学的と断じることが出来なくなってきているのです。

ご存知の方も多いでしょうが、近代物理学の大きな成果である量子論研究の進展は、意識と物質について、従来の常識を覆すような革命的な知見を提示しています。

目に見える世界の常識では、物質はあくまでも物質です。光のような波動としての性質を発揮することなど想像できません。

しかし、量子論は、物質の最小単位と考えられる素粒子が、物質である「粒子」としての性質と、エネルギーである「波動」としての性質を併せ持っていることを明らかにしたのです。

素粒子の常識を超えた振る舞いは、これだけではありません。

素粒子は、人間が観測することによって、光の玉のように広がったエネルギー「波動」の状態から、一瞬にして物質である「粒子」に収束することも実証されています。

素粒子が、光のような状態から、小さな物質に変化するという現象も信じがたいのですが、あたかも人の意識と共鳴しているかのような振る舞いにも驚かされます。

じつは、素粒子の持つこの特性こそが、解釈の仕方によっては、物質中心の唯物的な科学を根底から覆すほどの爆発力を秘めているのです。

量子論の開祖であるドイツの物理学者マックス・プランクは、人の意識の介在により、「波動」が「粒子」に変化するという不可思議な実験結果について、

「意識は物質よりも根源的で、物質は意識の派生物に過ぎない。」

と驚きをもって受け入れています。

プランクの語る言葉をそのまま解釈するなら、物質と意識の因果関係は逆転します。

つまり、もし意識が物質を生み出すならば、意識が脳という物質を生み出す、という仮説を立てることが可能になるのです。

いかがでしょうか。この事実は、シュタイナーが表現する霊性、つまり、

「形になっているものは、形になりたいという意志が形になったもの、形がある物は全て、神、霊的な働きにより作られている」

にぴたりと重なってくるのではないでしょうか。

一二三神示が語る、身魂の別ない、との一言とも通じ合うように感じます。

当然のことながら、私たちの身体も素粒子からなります。

であるなら、身体も、物質という目に見える存在だけではなく、目には見えないエネ

ルギー、波動としての性質をも秘めた存在であるということになります。

もちろん、大宇宙に広がるあらゆる存在を構成する根本は素粒子ですから、天地万物は皆等しく、目に見える姿と目に見えない存在という二つの性質を、兼ね備えているということになります。

一切衆生、この世に生きるすべての存在は、「身と魂の分け隔てない」のです。


さらに言えば、プランクが語る様に、意識が物質よりも大元であるというなら、脳という物質が滅んでも意識までは消滅しない、と解釈することも不可能ではなくなってきます。

そしてもし、死後にも意識は残るという

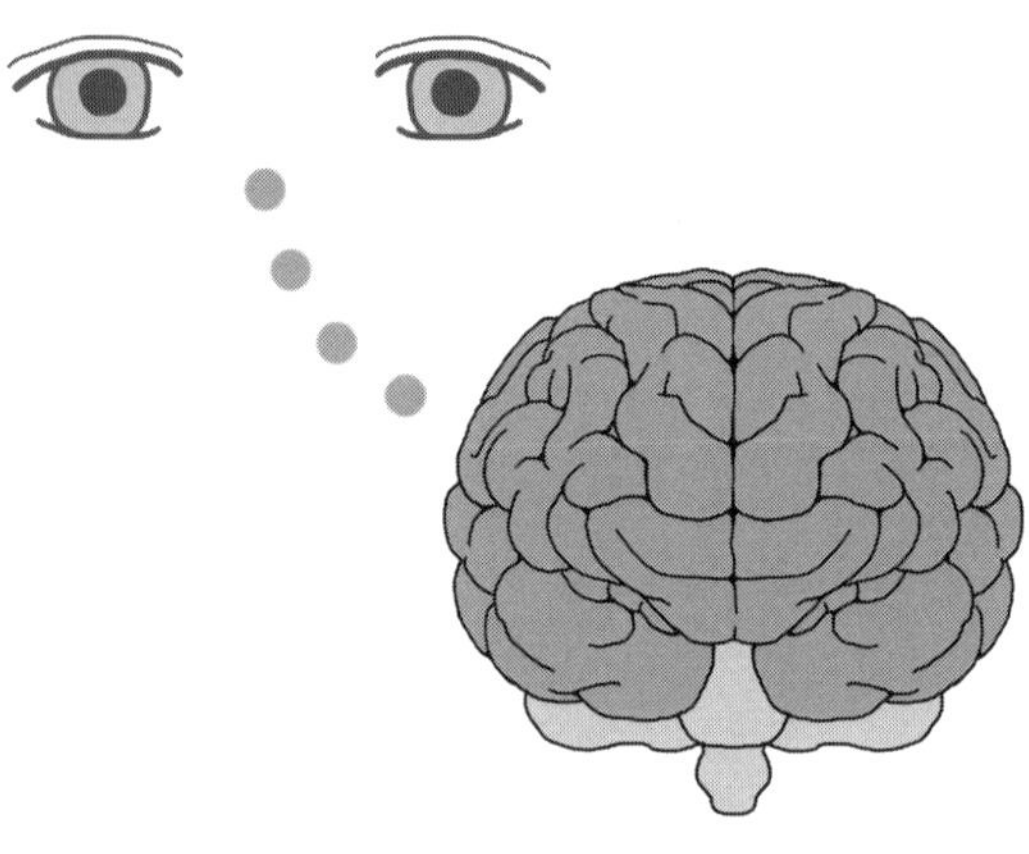

意識が脳よりも根源的であるなら、
脳が消滅しても意識が残る……

ことであるなら、脳が機能を停止すれば一切の意識は失われるという医学界における不可侵の大前提は崩れ去ります。もちろん、肉体が生じる前に意識が存在していると考えることも否定はできなくなるはずです。

当然のことながら、死後の意識の存在はいまだ証明されてはいません。しかし、プランクの意見を尊重するなら、死後の意識を議論すること自体を、非科学的だと切り捨てることはできなくなるのです。

また、物質の存在よりも根源に意識があるというのであれば、森羅万象、この世におけるすべての物質や現象の背後には、シュタイナーが語るように「形になりたい」という見えない意識が常に存在するということにもなります。意識である以上、命と置き換えてもよいでしょう。

この物質と一体となって存在する意識や命こそが、日本人が古来尊重してきた森羅万象の奥に存在する意識、つまり八百万《やおよろず》の神々の姿に他ならないと私は考えます。

ひょっとしたら、この宇宙に溢れかえる八百万の神の姿を、まもなく科学が証明することになるかもしれません。日本人にとっては、こんなに嬉しいことはありません。

物質中心主義が横行し、人類の先行きへの不安に満ちたこの時代に、唯物的な物理学と趣を全く異にする量子論が広く受け入れられつつあることは、決して偶然ではないはずです。おそらくは大いなる宇宙の意志が働いているに違いありません。

シュタイナーは、これからの時代は鉱物、植物、動物、人間が同じ様に尊い存在であることを知らなければならない、同じレベルで助け合わないとこの時代は乗り越えられない、と指摘しています。

つまり、この先の時代には、動物や植物、鉱物、そして山や川、さらには地球を取り巻く月や太陽、星々など、この宇宙に存在するあらゆる造形物と、その背後に存在する目に見えない命、そしてこれら万物を司る大いなる存在であるグレイト・スピリットへの祈りと感謝を奉げる謙虚な生き方が大切になってくるのです。

このような日々の暮らしを、宇宙との大調和のなかで営むことこそが、「霊性に根差した生き方」であると私は考えます。

科学的に生命がないと考えられている鉱物や山々さえも、その大元は、生物と同じ素粒子です。その意味からは万物に差はありません。

　それればかりではなく、毎日口にしている水や食べ物を通じ、私たちの身体の素粒子は、地球上のありとあらゆる存在を形作っていた素粒子と置き換わっているのです。私の身体には、かつてアメリカの大統領や、アフリカの草原を疾走していたライオンの一部であった素粒子が入っているかもしれません。天地万物すべては一体なのです。

　しかも、私たちの意識は、量子論に従えば、地球上の、さらには宇宙を網羅するすべての素粒子と共鳴し合っています。私たち地球人は、宇宙で独りぼっちではありません。人間の意志と共感し合う素粒子を通じて、宇宙の全ての存在と美しく響き合っているのです。なんと神々しく荘厳なハーモニーなのでしょうか。このように、すべての存在が有機的に結びついた姿こそが、宇宙大調和の在り方なのだと私は考えます。

　このような観点に立てば、生物と無生物を区別すること自体、もはや意味を持ちません。宇宙に起こる森羅万象のすべては心を持ち、私たちの意識、そして宇宙の大元の偉大なる存在、グレイト・スピリットと深く繋がりあっているのです。万物に魂が宿ると説く日本古来の宗教観も、もはや科学的に全く根拠のない話ではありません。

　生と死についてもまったく同様です。

これまで生と死は、明確に区別して考えられてきました。しかし、じつは、生も死も素粒子的に眺めれば、何ら変わるところはありません。

肉体的な死は、宇宙から借りていた身体を、素粒子の形に戻して、単にそのまま宇宙にお返しすることにすぎないのです。

その一方において、私たちの魂と呼ばれる精気は、大元の存在のもとに還り、混然一体となります。ですから、死は決して消え去ることではありません。ひとしずくの海水が、また大海に還るようなもの、そう考えれば何も怖いものではありません。

我が国では、この世に生まれてくることを「誕生」と言います。

「誕生」の「誕」という字を漢和辞典で引いてみると、なんとも驚いたことに、その意味として、うそ、いつわり、でたらめ、が一番初めに記されているのです。つまり、「誕生」の本来の意味は、偽りの世界に生まれ出でるということになるわけです。

そうであるなら、偽りでない世界とは、私たちが生まれる前に過ごしていた世界、つまりあの世に他ならないということになります。

考えてみれば、日本人は、この世に生きている間の人生を「生前」と称します。この言葉には、肉体が死滅した後に還る世界、あの世こそが真実と捉えてきた日本人の哲学が、そのまま反映されているのです。すなわち「生まれる」とはあの世に還ること、日本人は、目にすることのできない彼岸にこそ、本来の世界があると考えてきたわけです。

私たちは、今暮らしているこの現実の世界を真実と見做してしまいがちですが、あの世こそが真実であると日本人の祖先はとらえてきたのです。

彼岸とこの世を行き来する命が永遠であるのに対し、肉体を持ったこの世での暮らしは、限られたごく短い時間にすぎません。ですから、現世における栄達や富などは所詮儚いものです。もちろん、あの世に還るときには持っていくことなどできません。見えない身体となり、彼岸に還る時に持っていけるのは、目に見えない心の豊かさだけです。

心の豊かさとは、人間の本質である仏性の一つ、「慈悲」の心に基づいた行動です。肉体を持っているかけがえのないこの人生において、周りの人に寄り添い、喜びを共にし、悲しみを減じる、そして、日々出会う相手と愛を分かち合う経験を積み重ねる生き方こそが、心を豊かにし、自分に幸せを齎《もたら》し、人生を実り多いものにしてくれるのです。

霊性に根差して生きるためには、このような慈悲心や愛に基づく行為は極めて重要となります。万物が助け合い、共生する世界を構築するうえで決して欠かすことはできません。

「すべての存在が、いかに互いに愛の力で結び合えるか、世を覆う物質中心主義、営利主義に対するアンチテーゼはこれしかない」

シュタイナーのこの言葉が、希望に溢れた未来を拓く行動を明確に指し示しています。

永井　隆 博士の言葉

『長崎の鐘』などの著作を数々遺した医師、永井隆博士のことをご存知でしょうか。

戦前、フィルム不足のため、X線写真撮影ではなく透視室内で診断を続けていた永井博士は、多量の放射線曝露により、一九四〇年（昭和一五年）白血病を発症してしまいます。

それればかりではなく、原爆が投下された八月九日、永井博士は、爆心地すぐそばの長崎医科大学で被曝し、さらに致命的なダメージを被ります。祖母の家にいた二人の子は無事でしたが、残念なことに自宅にいた妻は犠牲となり命を奪われてしまいました。

一九四六年（昭和二一年）一月、永井博士は、長崎医科大学教授に就任しました。しかし、病状の悪化により、同年七月ついに倒れ、その後は病床に伏してしまうのです。

一九四八年（昭和二三年）、苦しい生活にもかかわらず、永井博士は廃墟となった浦上に、後に「永井千本桜」と呼ばれることになる千本の桜を寄贈しています。

また、この年、周囲の人たちの協力により、生き残った二人の子どもと暮らすための小さな庵「如己堂《にょこ》（己の如く隣人を愛せよ）」が完成しました。

体力がどんどん奪われる中、ほぼ臥床した状態にありながら、永井博士は、最後の気力を振り絞り、幼い子供たちが暮らせるようにと執筆活動を開始します。そして、『長崎の鐘』『この子を残して』など、今なお広く世に知られる数々の名作が生まれたのです。

永井博士の子どもたちへの献身的な愛情と凄まじい気迫には、ただ圧倒されるばかりです。

永井博士は、この状態にあっても、最愛の妻の命を奪い、自らの命も縮めることになった原爆の投下を恨むことはありませんでした。

それればかりか、聖地長崎の浦上が、神の摂理によって、世界大戦争という人類の罪悪の償いとして選ばれ、犠牲の祭壇に屠《ほふ》られたのではないか、との懺悔《ざんげ》の心情を書き遺しているのです。

浦上天主堂で行われた原子爆弾合同葬において、永井博士が信者代表として読んだ弔辞の原稿が、永井博士の著書『長崎の鐘』に引用されています。


「人類が、同じ神の子でありながら偶像を信じ愛の掟にそむき、互いに憎み、互いに殺しあって喜んでいたこの大罪悪を終結し、平和を迎えるためにはただ単に後悔するのみでなく、適当な犠牲を献げて神にお詫びをせねばならないでしょう。

これまで幾度も終戦の機会はあったし、全滅した都市も少なくありませんでしたが、それは犠牲としてふさわしくなかったから、神はいまだこれを善しと容れたまわなかったのでありましょう。

しかるに浦上が屠られた瞬間初めて神はこれを受け納めたまい、人類の詫びをきき、たちまち天皇陛下に天啓を垂れ、終戦の聖断を下させたもうたのであります。

（略）

敗戦を知らず世を去りたまいし人の幸いよ。潔き羔《こひつじ》として神のみ胸にやすらう霊魂の幸いよ。

それにくらべて生き残った私たちのみじめさ。日本は負けました。浦上はまったくの廃墟です。　見ゆる限りは灰と瓦。家なく衣なく食なく、畑は荒れ、人は少なし。ぼんやり焼跡に立って空を眺めている二人あるいは三人の群。

あの日あの時この家で、なぜ一緒に死ななかったのでしょうか。なぜ私たちのみ、かような悲惨な生活をせねばならぬのでしょうか。

私たちは罪人だからでした。今こそしみじみ己が罪の深さを知らされます。私は償いを果たしていなかったから残されたのです。

（略）

日本人がこれから歩まねばならぬ敗戦国民の道は苦難と悲惨に満ちたものであり、ポツダム宣言によって課せられる賠償は誠に大きな重荷であります。この重荷を負い行くこの苦難の道こそ、罪人われらに償いを果たす機会を与える希望への道ではありますまいか。」

永井博士は、生き残り悲惨な生活をしなければならない自分たちは罪人だからであろう、重荷を負い行くこの苦難の道こそ、罪人われらに償いを果たす機会を与える希望への道ではないか、と述べているのです。

原子爆弾により、想像を絶するような過酷な境遇に貶《おとし》められながら、誰をも恨むことなく、ただ自らの振る舞いを反省することなどできるものなのでしょうか。驚くほかはありません。

全てを失う体験をしてもなお、キリスト教信仰に裏打ちされた永井博士の神への崇拝と信頼は決して揺るがず、誰をも恨むことはなかったのです。

当時、原子爆弾は天罰、殺されたものは悪者との風評がたちました。家族を失い生きる希望もなくした人たちの胸に、この心無い言葉が突き刺さり、苦しみに追い打ちをかけていました。

しかし、この永井博士の語りかけにより、悲しみにくれる人たちは思い直すことができたのです。

そして、苦しみ抜き、努めを終えた家族は地獄へなど行っていないのだ、天国の落第生である自分たちは、まだまだ勉強しなければ天国で待つ家族に会えない、祈りながらしっかりと働こう、と前向きな気持ちを持つことができたのです。

人類史上比類なき、恐ろしいまでの破壊力を持った核兵器をもってしてもなお、永井博士の崇高な慈悲心までは壊すことはできませんでした。それどころか、破壊を目的とした残虐極まりない行為が、逆に人間の魂の奥底にある光を磨きあげ、その輝きをさらに際立たせたとも言えるのではないでしょうか。

ここまで人間は強く優しくなれるのでしょうか。そして、ここまで美しく生きることができるのでしょうか。

まさに奇跡であり、信じられない思いがします。しかし、これは紛れもなく現実に起こった歴史の一ページなのです。私は、この厳然たる事実に強く胸を打たれます。無上の愛が、究極の非人道的な行為に滅ぼされることなく打ち勝ったのです。

破壊の限りを尽くすのも人間なら、絶望的な状況にあっても、ひたすら愛の行為を全うするのも人間です。究極の無慈悲な攻撃が、これ以上なく尊い愛の行為を生み出したのです。

深い悲しみを知ることなしに至福を味わうことはできない、全ての試練は自らの魂が目覚め進化するため、絶望的な悲劇からさえ希望を見出すことができるのが人間である、などの言葉が、人生の指針として語られます。

私のような凡人にはとても実践できることではありませんが、しかし、永井博士は、この人生における重要な真理を、愛に溢れた力強い生き様で私たちに示してくれたのです。永井博士の短くも鮮やかな一生は、私たちの心を大きく揺さぶります。

私たちの想像をはるかに超える大いなる宇宙の意志、グレイト・スピリットは、日本人をただ苦しめようとしているのではなく、無慈悲の極みともいえる試練を与え、真の愛に気づかせようとしてくれているのかもしれません。

霊性の時代の幕開け

令和元年一二月八日、立教大学において公開シンポジウム「霊性（スピリチュアリティ）と現代社会」が開催されました。

霊性をテーマにした公開シンポジウムは、大学という場においては、おそらくは初めての試みだったことでしょう。主催者である濁川孝志立教大学教授の勇気と情熱に応えるかのように、会場となった大学のホールは、ほぼ満席の盛況となりました。

霊性をテーマにしたシンポジウムに参加者が集まるのだろうか、そんな思いもあっただけに、予想をはるかに超える熱気で溢れたホールを前にして、私たちは深い感慨に捉われていました。無意識のうちに、時代の変化を敏感に感じとる人たちが増えてきているのかもしれません。迷わずこのまま進め、そんな檄を飛ばされたようにも感じました。私たちにとって、これほど心強い応援はありませんでした。

当日登壇したのは、濁川教授、元国連職員で桜美林大学講師萩原孝一氏と私の三名であり（肩書はいずれも当時）、それぞれが異なる立場から、この先の時代に必要となるであろう愛と調和の精神について講演し、さらには皆で語り合いました。

シンポジウムの最後に濁川教授は、龍村仁監督が自らの作品である映画「地球交響曲《ガイアシンフォニー》」の中で語ったメッセージを紹介されています。

「かつて人が、花や樹や鳥たちと本当に話ができた時代がありました。その頃、人は自分たちの命が、宇宙の大きな命の一部であることを誰もが知っていました。太陽を敬い、月を崇め、風に問《たず》ね、火に祈り、水に癒され、土と共に笑うことが本当に生き生きとできたのです。ところが最近の科学技術のめまぐるしい進歩とともに、人はいつの間にか、『自分が地球の主人であり、自然は自分たちのために利用するもの』と考えるようになってきました。その頃から人は、花や樹や鳥たちと話す言葉を急速に忘れ始めたのです。人はこのまま自然と語り合う言葉を、永遠に忘れてしまうのでしょうか。それとも科学の進歩と調和しながら、もう一度、その言葉を思い出すことができるのでしょうか。」

混迷を深める時代に生きる私たちが未来を拓くには、いかなる生き方を選んだらよいのか、そのためのヒントが、この美しい文章に簡潔に表現されています。

映画「地球交響曲」を第一作として開始されたガイアシンフォニーシリーズは、霊性の時代の幕開けを告げる映画ともいわれており、草の根の自主上映のみの公開にもかかわらず、これまで実に二五〇万人もの観客動員を記録しています。

一九九二年の初上映当時は、インターネットはなく、すべてが口コミ、チラシによる宣伝だったと言いますから、この数字はまさに驚異的です。現在、第八番まで公開されており、目下第九番の製作が鋭意進められています。

龍村監督は、霊性について以下のように語っています。

「〝霊性〟とは、私たちひとりひとりが、日々の何気ない営みの中で、『自分は、母なる星地球《ガイア》の大きな生命の一部分として、今ここに生かされている。』ということを、リアルに実感できる、その力のことをいうのです。

自分の内なる〝霊性〟に目覚めることによって、人は謙虚になります。

日々の出来事に対して、感謝の気持ちを持って対処できるようになります。自分以外の生命のことを、本気で考え、行動し、祈る、ことができるようになります。遠い未来を想い、遙かな過去を感じる力だって増してくるでしょう。見えないものを見る力、聴こえない音を聴く力だって甦ってくるかもしれません。そしてそのことが、結局、自分自身を最も幸せにするのだ、ということに気づき始めるのです。」

（『ガイアの伝言 ——龍村仁の軌跡』濁川孝志 著）

謙虚、感謝、あらゆる命との共生、繰り返し本章で述べてきた言葉や概念が、龍村監督によるこの一節にすべて凝縮されています。いずれもが、物質中心主義が蔓延《はびこ》る現代社会において失われつつある生き方であり、私たちが今すぐにも取り戻さなければならない考え方や振る舞いといえるでしょう。

人類はこれまで、なんと長く辛い歴史を刻んできたことでしょう。存亡の危機を迎えた今、私たちは愛が秘める偉大な力に気がつくべき時を迎えたのです。

今の文明生活を残しつつ、自然との共生を目指すにはどうしたらよいのでしょうか。その道を探るうえで、霊性の尊重と愛に基づいた行為は不可欠です。

神は背負いきれない重荷は与えないとも言われます。真っ暗闇に思える絶望の中にも、どこかに希望の光が射し込んでいます。絶望しているだけでは事態は何も好転しません。前に進むためには、私たちは意識を変え、この瞬間から視点を広げてみる必要があるのです。

これまでは、現実社会を生き抜くためには、目には見えない愛よりも、自分を守るための利己心や金こそが大きな力を持つと信じられてきました。たくさんの金を持つことができれば、幸せになれると多くの人が考えてきました。

もちろん、お金も生きていくためにはある程度は必要です。しかし、必要以上のお金は無くてもなんとかなるのです。

宇宙の本質は愛です。愛に満ちた振る舞いには、愛の力が素粒子のネットワークを通じて運ばれ、宇宙から大きなサポートが降り注ぎます。愛はものすごく大きな潜在力を内包しているのです。

多くの人が見えない世界を意識し始めれば、世の中はどんどん明るいものに変わっていくはずです。皆の意識が変われば、これまで隠されてきた大切な真実も次々に明らかになってくることでしょう。

今、少なからぬ人たちが、人類が突き進んでいる破滅という運命を変えようと動き始めています。

世直しの成否は、ひとえに私たち一人一人の気づきにかかっているのです。

第二章

愛が導く地球の次元上昇

〜いよいよ魂の総決算のとき〜

宇宙には善も悪もない

「歎異抄」には、親鸞の言葉として次のような一節が記されています。

「さるべき業縁のもよおせば、いかなるふるまいもすべし。」

人との出会いや周りの状況によっては、自分だってとんでもなく悪いことをしてしまうかも知れない、親鸞のこの言葉は、人間の本性の奥深さを説いています。もし、この言葉の通りであるなら、世を騒がす凶悪な犯罪も、私たちにとっては決して他人ごとではなくなってくるはずです。

原爆投下という残忍な行為も、相手を怨んだり、責めたりするだけではなく、自分も場合によっては関わっていたかもしれない、自分も同じ行為をしていた可能性があるのだと想像することができたら、捉え方が随分と変わってくるのではないでしょうか。

自分の行いこそが常に正しいと信じ、つい他人を断罪してしまうのが人間の性《さが》なのです。

「人を呪わば穴二つ」という言葉もあります。

相手を恨む感情は、間違いなく自分をも傷つけるのです。相手も望まないで行ったことで苦しんでいるかもしれません。ひょっとしたら、自分も気づかないだけで、この人生においても多くの人を傷つけながら生きてきたのかもしれない、そんな思いも湧いてきます。

釈迦も、「怨《うら》みに報いるに怨みを以てしたならば、ついに怨みの息《や》むことがない。怨みをすててこそ息む」と教えています。

原爆投下を通じ、私たちが学ぶべきは、怨みの感情ではなく、真の愛と赦《ゆる》しであるといえるのかもしれません。永井博士が、自らの信仰心と慈悲心をさらに磨き上げることができたのも、博士の行動が、愛と赦しという高邁な信念に終始貫かれていたからではないでしょうか。

二〇一六年五月二七日、主要七か国首脳会議（伊勢志摩サミット）を終え、被爆地広島を訪問したオバマ大統領と、被爆者森重昭さんの抱擁が、深い感動とともに広く世界に報道されました。森重昭さんの態度は、まさに世界に愛と赦しを示したのであり、日本人としては嬉しい限りでした。

私の勤務する病院のすぐそばに、英連邦戦死者墓地があります（写真　横浜市保土ヶ谷区）。

あのダイアナ妃やウィリアム王子も訪れた場所として知られますが、手入れの行き届いたとても美しい墓地です。私にとっては身近な光景なのですが、じつは、敵国のための墓地を建造することは世界的に見ると極めて珍しいのだそうです。

日本政府はかつて、日露戦争の激戦地二〇三高地にもロシア兵戦没者の慰霊碑を作っています。敵対国の慰霊碑を作ることは近代では世界で初めてのこと、しかも山口からわざわざ大理石を持ち込んで作られた立派な記念碑でした。除幕式に招かれたロシア側の出席者は感涙にむせんだと言います。

英連邦戦死者墓地

旅順要塞攻略に成功した将軍乃木希典は、「水師営の会見」において敗将となったステッセルに帯刀を許し、ロシアでの軍事裁判においてもステッセルの助命を願い出るなどの紳士的行動が称賛を浴びています。

日本人は折に触れ、このように恩讐を超えた「惻隠《そくいん》の情」を行動で示してきました。その心情の根源にある情感も、愛と赦しではないでしょうか。世界でも稀な日本人のこの美しい情念は、今後とも絶対に失ってはならないかけがえのない資質です。

私たちがこのような行いに感動できるのも、人智をはるかに超えた宇宙大元の意志、グレイト・スピリットによる愛の働きに他なりません。

あらゆる出来事は、グレイト・スピリットの愛を遍く広めるために起こるのです。その意味からは、宇宙に起こることすべては、完璧に整えられており、善悪はないのです。

「神がこの世にあるならば、こんな乱れた世にはせぬはずぞと申す者たくさんあるが、神には人のいう善も悪もないものぞ。よく心に考えてみよ。何もかも分かってくるぞ。」

（一二三神示　第一巻　上つ巻　第二十帖）

東洋に伝わる陰陽論にも、「陰が極まれば陽に転じる、またその逆もしかり」との教えがあります。

陰も陽も、善も悪も、完全にすっぱりと割り切れる関係ではなく、宇宙の発展と進化のためには、どちらも不可欠な働きであるのです。

戦争を起こし、破壊の限りを尽くしてきた人たちも、神示が語るように、宇宙的な解釈からすれば、善悪を超越した存在です。愛の力強さに気づかせてくれたという意味からは、人類の進化と成長に尽力してきた面があることは否定できません。両者に善悪の判断を持ち込むのは、所詮人間の浅知恵に過ぎません。

しかし、そうはいっても、善悪がないからそれで済むというわけではありません。宇宙には厳然たる因果応報の法則があるからです。

自ら騒乱を起こしたり、相手を傷つけた者は、カルマの刈取りを必ずどこかで行わなくてはなりません。相手に行った所業は、良くも悪くも、全てが結局は自分の元へ還ってきます。自分の自由意志で選んだ行為の責任は、自分で取るしかないのです。

誰が悪いということではありません。この世に起こるあらゆる出来事が、善悪を越え、自らの、ひいては人類の魂の進化と成長に寄与するのです。

陰陽相和《あいわ》す心

宇宙は原初の時代より、「陰」と「陽」の絶妙なバランスの上に成り立ち、発展を遂げてきました。

「陰」と「陽」は、宇宙の進化のためのエネルギーとして誕生し、互いに刺激し合い、ともに成長してきたのです。

プラスとマイナスという二つの極が存在して初めて電流が生じるように、相反する「陰」と「陽」という存在は、宇宙にエネルギーを流すための不可欠な仕組みです。「陰」と「陽」があってこそ、初めて宇宙が成り立つのです。

もちろん、「陰」が「悪」というわけでもなく、「陽」が「善」というわけでもありません。

神の意志、グレイト・スピリットにも、壮大な宇宙にも善悪はないのです。

さらに、「陰」と「陽」は、冒頭の言葉が説くように、相互の割合が変化する（陰陽消長）ばかりではなく、時に応じてお互いに入れ替わります（陰陽転化）。「陰」と「陽」が、循環しているからこそ永遠にエネルギーが流れ、進化し続けるともいえるでしょう。交互に循環していなければ、進化が望めないどころか、そのまま放電し尽くして流れが途切れてしまうことにもなりかねません。

悪人もずっと悪いことばかりを続けるというわけではなく、映画「スター・ウォーズ」のダース・ベイダーやカイロ・レンのように、時に応じて善悪の役割を変えることもあるわけです。

私たちも、長い魂の歴史においては、悪としての役割を演じたこともあったはずです。今世に限っても善行ばかり行ってきたと胸を張って言える人は多くはないことでしょう。

太極図

道教のシンボル、太極図が示すように、「陰」と「陽」

のなかにはそれぞれ、小さな「陽」と「陰」が含まれ（陰陽可分）、陰中の陽、陽中の陰と呼ばれます。太極図は、「陰」も「陽」も、それぞれが絶対的な存在ではなく、二つにすっぱりと分けられるものでもないという宇宙の真理を示しているのです。

能（当時は猿楽）を大成し、多くの書を残した世阿弥は、次のような言葉を遺しています。

「そもそも、一切は、陰陽の和する所の境を、成就とは知るべし。……陽気の時分に陰気を生じる事、陰陽和する心なり。これ、能のよく出で来る成就の始めなり。」（「風姿花伝」より）

能は、僧侶、神職、武士など現実世界の存在と、人間の霊、植物の精霊、鬼、妖怪など、この世ならぬ存在（能面を付けて登場する）が絡み合い、謡《うたい》や舞を交え、物語が展開されていきます。

あの世とこの世、まさに「陰」と「陽」が相和して表現される能舞台という究極の美が、宇宙の深遠さを表現し、今や世界的な評価を得ているのです。

世阿弥は、能を通じ、陰陽論の極意を見事に芸術に昇華させたといえるでしょう。

世の中が混沌として先を見通すことが困難な現代、私たちは、今一度、「陰」と「陽」が存在する意味を深く噛み締め、考え直してみる必要がありそうです。

覇権主義派と自然主義派の相克

現代の地球における「陰」と「陽」のせめぎ合いは、エゴ・欲による争いを否定せず、物質的な満足や支配を目指すグループと、その対極である利他や調和を重んじ、精神的な充足を目指すグループという二つのグループの間に最も顕著に表れているといえるでしょう。

前者の代表が、大航海時代以降、世界に植民地を広げた帝国主義時代の白人国家や、現代社会において世界支配を企む覇権主義派の集団です。

世界の金融を牛耳る集団の代表として、フリーメイソンやイルミナティといった世に云う秘密結社が挙げられることでしょう。本来、両者は別組織ではありますが、少数のメンバーで構成されるイルミナティには、フリーメイソンの最上位メンバーのごく一部も所属しているといわれます。両組織ともに、元々の目的は人類への貢献活動ですが、多くの階層からなるフリーメイソンは、さまざまな分野の専門家を繋ぐ国際ネットワークを有することから、その中には、当初の目的からは逸脱した世界支配を目論む集団が存在します。

ここで言及する覇権主義派とは、これらの過激な集団を念頭に置いています。次章に登場するユダヤ人国際銀行家は、覇権主義派の中の有力な実行部隊の一つと言ってよいでしょう。

一方、後者の代表が、縄文時代の日本人や、アメリカ先住民族、アボリジニ、マヤ族など、自然に親しみ、周囲の人はもちろん、宇宙の全ての存在との大調和を重んじながら暮らしていた民族です。

自然主義派は、目に見えない存在と繋がり、大自然に畏敬の念と感謝を奉げ、利他・調和の精神を尊重し、霊性に根差した平和な暮らしを営んできました。

しかし、帝国主義時代の白人国家は、この愛すべき文化を、圧倒的な武力により蹂躪《じゅうりん》し続けてきました。自然主義派の人々は追われ、住む土地と文化を失い、彼らの穏やかで平和な生活は、根こそぎ奪われてしまったのです。

利潤追求のためには自然を破壊することも厭わないかつての白人国家や、現代の覇権主義派は、地球の調和と環境を守る、という観点から判断するなら、悪ということになることでしょう。彼らによる行き過ぎた経済活動や侵略が、現在の地球を混迷させ、危機に陥れたことは間違いないからです。

このような白人国家や覇権主義派と一体となって発展してきた西洋文明は、産業革命以降、地球文明の主導権を握り、たかだか二〇〇年強で、遥か彼方の惑星にロケットを送るほどの格段の科学技術の進化を齎《もたら》しました。

もちろん、西洋科学が人類に大きな恩恵を与えてくれたことは確かであり、優れた科学技術に囲まれた現代の文明生活を私たちが享受できるのは、西洋文明の発展によるところが大きいといえるでしょう。

しかしながら、金やモノの充足に重きを置き、精神面を軽んじる西洋的な物質主義が、あまりに支配的になりすぎた世界がどうなるのか、私たちは今、重い代価を払った上で、その極めて深刻な状況に気付かされたのです。

エゴや欲、競争意識が強すぎれば、他人だけではなく、結局は自分をも傷つける結果となります。自然も、破壊することなく丁寧に守っていかなければ、結局は、人類自らの存続を危うくしてしまうのです。

存亡の危機に瀕する人類の未来を前にして、今私たちは、覇権主義派主導による行き過ぎた物質中心主義、拝金主義を修正する必要に迫られています。

大きなピンチを迎えていることは間違いありません。しかし、逆に本当の生き方を考え直し、新たな未来を拓くチャンスを手にしているとも言えるのです。

現在の文明生活を残しつつ、自然との共生を目指すにはどうしたらよいのでしょうか。その道を探るためには、シュタイナーが指摘するように、霊性に目を向ける姿勢が不可欠なのです。

自らの力により世界の支配を目指す覇権主義派とあくまでも利他と調和を目指す自然主義派は、一見対極にあり、お互い相容れない存在であるかにみえます。

しかし、どちらも根本的に全く違うものではなく、お互い愛という強い情熱を秘めているという点では共通しています。ただその愛のベクトルが、内向きなのか、外向きなのか、愛が向かう方向に大きな違いがあるのです。

愛が自分中心に傾き、エゴ、自我意識が強すぎる人には、もちろん愛を他へ循環してもらう必要があるでしょう。

その一方、愛を周りに広げ、利他に献身的に勤《いそ》しむ人は、何ら問題がないようにも見えます。しかし、利他に偏りすぎてしまうと、人に与えすぎてばかりで疲れてしまうこともあります。このような状態に陥ってしまえば、エゴが強い人と同じように、愛がうまく循環しなくなってしまいます。

そもそも、エゴという意識自体、すべてが否定されるべきものではありません。なぜなら、本質的には自己を守ろうとする本能の顕れでもあるからです。エゴは、自分がこの世で生存していくためには不可欠な情動なのです。

縄文人やアメリカ先住民など、自然主義派の民族が暮らしてきた環太平洋地域は、比較的温暖な気候に恵まれていました。

しかし、白人たちが多く住むヨーロッパの気候は厳しく、自然は生活の糧を恵んでくれる存在ではありませんでした。彼らは生きていくためには自然と闘い克服していくしかなかったのです。その結果、白人たちにとっては、自然は敵になりました。

当然、自己を守ろうとする意識も強くなり、土地や食物などを巡っての争いも絶えなかったことでしょう。自然からの恵みを享受してきた自然主義派と比較すれば、自然との向き合い方や周りとの協調性という点で、白人たちが正反対の生き方を選ばざるを得ない環境にあったであろうことは否定できません。

さらに、彼らは生活に創意工夫を加えることを怠りませんでした。厳しい自然に晒され、その環境の中で生き残っていくためには常に頭を使い、努力を続ける必要があったからです。

過酷な生存競争をくぐり抜けるうちに、愛・調和より競争や支配が、自然に親しむよりは自然と闘う意識が、一体感より優劣意識が、そして共有より私有・簒奪《さんだつ》が優先されるようになっていったであろうことは想像に難くありません。

両派のエゴの強さの違いが、大航海時代以降、はっきりと運命を分かちました。

残念ながら、自己を守るための自我意識が白人と比べ希薄で、争いに弱い自然主義派たちは、淘汰され、白人に支配されていく運命を辿ることになりました。

しかし、自然主義派は、第二次世界大戦の後に民族意識に目覚め、自我意識が強まるとともに、見事に次々と独立を勝ち取っていくのです。

ですから、自分が本当に生きたい人生を貫き、自己実現を目指すには、周囲との調和を目指すことはもちろんですが、自分の生き方を尊重するためには、相応の自我意識は欠かせないのです。当然、不当な攻撃から身を守る強さも必要になります。

愛するという行為は、他人に与える愛だけではなく、自分へふり向ける愛をも含んでいることは忘れてはならないと思います。

まずは自分を大切にすること、その上で周囲との調和を図り社会に貢献すること、このような態度が自らが真に望む人生を実現させていくのです。

皆が自分の個性を尊重しながら、周りの人の個性を認め、互いに相和《あいわ》していければ、あたかも形の異なるジグソーパズルが隙間なく合わさっていくように、社会は一つになっていきます。

個性を生かし多様性を保ちながら、皆が調和しハーモニーを奏でることが人類に真の幸せをもたらすのです。

「人間心には我《が》があるぞ。神心には我《が》がないぞ。我《が》がなくてもならんぞ。我《が》があってはならんぞ。我《が》がなくてはならず、あってはならん道理分かったか。神に溶け入れよ。天子様に溶け入れよ。我《が》なくせ。我《が》出せよ。」

（一二三神示　第十巻　水の巻　第十二帖）

一見難解なこの一節も、エゴと利他のバランスについて語っていると解釈すれば、すうっと腑に落ちてくるのではないでしょうか。

端的に言えば、エゴも利他も、そのどちらも人生を生きていくうえでは必要不可欠なのです。二者択一ではありません。

両者の存立を俯瞰《ふかん》し、第三の道を追い求めること、その過程を通じて、人類は真の愛の姿を学ぶことができるのです。

もちろん、俯瞰するためには、これまでの体験から受けた怨みや憎しみを、愛と赦しで包み込み、様々なトラウマや呪縛から解放されなければなりません。

真の愛と赦しを人類が学ぶことができたとき、エゴと利他という二つのグループは統合され、人類は次元の上昇を果たすに違いありません。

「陰」と「陽」が絡み合い、お互い切磋琢磨し合ってきた地球の長い歴史が伝えるもの、それは、宇宙の根本の力は愛であるという真理以外の何ものでもなかったのです。

一度袋小路に深くはまり込んでしまったら、抜け道を見つけることは簡単ではありません。

しかし、迷路から離れて上昇し、空中から全体を俯瞰することができたら、答えは簡単に見つかることでしょう。

混沌の極みにあり、存亡の危機に瀕した今の人類には、過去の洗脳や呪縛から解放されて次

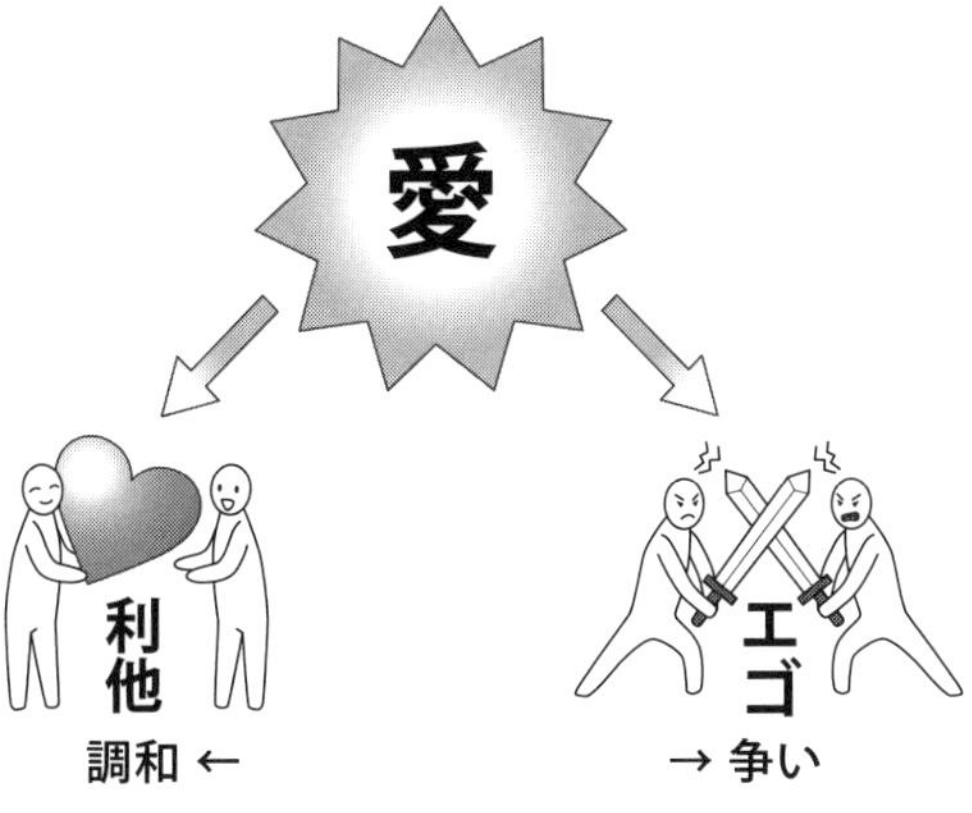

利他とエゴを愛が統合する

元を上昇し、アセンションさせた視点からすべてを俯瞰することが不可欠なのです。

自然主義派と覇権主義派、言い換えれば、霊性主義と物質中心主義、利他とエゴという二元対立のどちらかを否定することなく、そしてどちらかに同化することもなく、俯瞰する視点から両者の間でバランスを取ること、このような姿勢により私たちが真の愛を学んだとき、二元対立が一元統合に昇華され、集合意識も進化していくのです。

この時に大切なことは、立ち位置を皆で揃えることではありません。バランスを取る立ち位置は、一人一人異なって当然です。

お互いの異なる立場を尊重し、理解し合うことで、ジグソーパズルが一枚に合わさるように、調和のとれた一元の世界が完成します。そして、様々な価値観を有する人が集うこの地上での学びをさらに深めることができるのです。

私たちは、長い魂の歴史において、愛と調和のグループ、エゴ・欲のグループのどちらにも属したことがあるはずです。

過去の人生において、誰もが、物を盗んだり、人を欺いたり、場合によっては人を殺《あや》めたりといった行為に手を染めてきたことでしょう。しかし、その反面、人類に多大なる貢献を果たすような善行も積んできているはずです。

つまり、善も悪もどちらも自分の一部なのです。善いことだけしかしていないなどという人はいません。今世に限っても、まったく悪いことなどしてないと言える人はいないことでしょう。

まずは自分の心の中にある闇を見つめ受け入れること、そして、この地球において、善から悪まで幅広い体験を積むことにより、宇宙を貫く愛の偉大なる力に気づくことが最も重要なのではないでしょうか。

悪事を働いて、一時的に得をしたことがあったかもしれません。しかし、魂の長い歴史において、どんな行いをしたときが一番自分の魂が喜んだのでしょうか。

人類が存亡の危機を迎えた今、私たちは、この「魂の総決算」をする時期にきているのです。

善悪の絶え間ない対立、過酷な争いを体験することによって、今こそ私たちは、愛の素晴らしさ、強さを認識すべき時期を迎えたのです。

次章では、エゴ・欲のグループの代表である覇権主義派と日本人との間の近世における相克の歴史を振り返ります。

日本人が時々に遭遇してきた過酷な試練にどのように向きあってきたかを振り返れば、私たち日本人がどのような民族なのか、日本人が尊重してきた生き方や考え方はどのようなものなのか、などがおぼろげではあっても浮かび上がってくるはずです。

そして、この壮大な歴史ドラマを通じ、被害者と加害者、善と悪、という表面的な二元対立を越えた宇宙の意志、つまり、人類全体の魂を鍛え磨き上げ、地球を進化・成長させるというグレイト・スピリットの確固たる信念が、感動とともに私たちに伝わってくることでしょう。

学校教育で決して教わることのなかった日本人の真の姿が少しでも認識できたならば、この先の時代、私たち日本人が必要とされる態度や覚悟も理解されてくることでしょう。

日本人は、本来の生き方に立ち戻り、この国に、さらにはこの地球に、愛が溢れる社会を実現させるべき使命を帯びているのです。

まだ今回の地球ドラマは完結していません。

現文明は、新たに持続可能な共同体を生み出せるのか、それとも滅び去るのか、今が大きな分岐点です。

どちらへ向かうのか、地球船の舵は私たち日本人が握ります。

この地球に宇宙からの愛が溢れんばかりに降り注ぐようになったとき、その時に初めて、私たち日本人は、大いなる宇宙の意志、グレイト・スピリットからの期待に応えることができるのです。

第三章

失われゆく日本の心
～跋扈《ばっこ》する覇権主義の魔物～

あるユダヤ人の懺悔《ざんげ》

二〇一九年、出版社の倒産などにより絶版となっていた著書『あるユダヤ人の懺悔 日本人に謝りたい』が復刻されました。この本の著者、モルデカイ・モーゼ氏に関しては、さまざまな評価がなされていることは確かですが、その内容には驚くべき真実があると考えます。

モーゼ氏は、「国際連盟」におけるユダヤ人の機関「国際労働局」で極東問題を担当しており、第二次世界大戦後におけるＧＨＱ（連合国軍最高司令官総司令部）の占領政策にも深く関与していました。

余談ながら、モーゼ氏がこの著書で言及するユダヤ人とは、日本人との同祖論が取り沙汰される紀元前の古代ユダヤ人とは非なる民族です。

モーゼ氏が語るユダヤ人のルーツは、アシュケナージと呼ばれるユダヤ教改宗者であり、紀元七世紀頃に黒海北方に在った白人国家「ハザール・カガン国」の末裔と考えられています。

キリスト教国の東ローマ帝国とイスラム教のウマイヤ朝に挟まれていたハザール・カガン国は、宗教的に対立している両国から、どちらの宗教を選ぶのか迫られました。

悩んだハザール・カガン国の王家は、キリスト教とイスラム教の二つの宗教のルーツともいうべき「ユダヤ教」を国教に選び、その後自らをユダヤ人と称するようになったのです。

一方、紀元前の古代ユダヤ人は、二七〇〇年前に、イスラエルの地から、アッシリアやバビロニアによって滅ぼされた支族を指します。スファラディと呼ばれ、有色人種と考えられています。

さて、アシュケナージ・ユダヤ人の系譜にあるのが、近代の金融システムの基礎を築いたロスチャイルド家、ロックフェラー家、モルガン家などを代表とするユダヤ人国際銀行家（以下国際銀行家）と呼ばれる名門一族であり、前章において言及した覇権主義派に属する一団です。

国際銀行家は、その草創期より現代に至るまで、歴史の表舞台に登場することなく裏から国際金融を操り、数々の戦争を仕掛けることにより成長を遂げてきました。近代においては、軍需産業、医療産業、石油から原子力に渡るエネルギー産業、そして農業や酪農をはじめとする有機的生産業などに広く関わり、莫大な利益を挙げてきました。

彼らの最初の大事業は、フランス革命でフランス君主制を打倒したことでした。フランス革命のスローガン「自由・平等・友愛」が、フリーメイソンの掲げる五つの基本理念「自由・平等・友愛・寛容・人道」に重なるのは決して偶然ではありません。

モーゼ氏によれば、国際銀行家の根本原理は、国家とは破壊、転覆すべきものであるという過激な思想であり、その理念は、ユダヤ人のカール・マルクスが国家論としてまとめ上げています。

彼らの思想は、国家というものがあるために、ユダヤ人は、過去数千年、迫害、虐殺をくり返されてきたという被害者意識に基づいています。従って、このような境遇から自らを救うには、国家というものを転覆することが唯一の方法であると信じ込んでいるのです。

この過激なユダヤ人の行動原理を支える思想が、聖典「タルムード」の一節、「非ユダヤ人の所有する財産は本来ユダヤ人に属するものなれど一時彼らに預けてあるだけである。故に何らの遠慮もなくこれら財産をユダヤ人の手に収むるも可なり」になるとモーゼ氏は指摘します。つまり、タルムードでは、非ユダヤ人の財産は一時彼等に預けてあるもの、との大前提があるのです。なんと厚かましく傲慢な教えであることでしょうか。しかも、紀元前に迫害にあったのは、彼らアシュケナージ・ユダヤではありません。彼らが語る自らの民族史には大きな欺瞞が隠されているのです。

このような思想を掲げ、国家破壊という大事業を目指す彼らの前に、大きな障害になるのが君主制です。

日本の皇室制度とて例外ではありません。一九世紀に入るや、彼らは攻撃の標的をついに東洋の島国にも向けてきたのです。

国際銀行家と明治維新

日本に乗り込むにあたり、国際銀行家たちは、まず、日本国内の情勢を探るスパイを送り込んできました。そのなかには、オランダ人に成りすまして出島から入国したドイツ人医官シーボルトも含まれていました。

彼は、長崎・鳴滝塾で若者に西洋医学を教えていました。しかし、その傍ら、若者から国内の情勢を探るなどの諜報活動も行っていたのです。そして、一八二八年、国禁であった日本地図の国外持ち出しを謀るも露見、国外退去処分となっています（シーボルト事件）。しかし、日本地図は結局は持ち出され、フリーメイソン会員として知られる東インド艦隊司令長官マシュー・ペリーの日本来航に繋がっていきます。

このような有能なスパイたちは至るところで暗躍し、若者や商人たちと接触を図っていたと考えられています。

有名なグラバーもその一人であり、その援助を得て、活動していたのが坂本龍馬でした。スコットランド出身のトーマス・ブレーク・グラバーは、若干二一歳で、上海に渡り、ジャーディン・マセソン商会に入社しました。同年長崎に移り、二年後には同社の長崎代理店であるグラバー商会を立ち上げています。

ジャーディン・マセソン商会とは、アヘンの密輸と茶のイギリスへの輸出に関わっていた会社であり、ジャーディン家、マセソン家ともに、ロスチャイルド家と婚姻関係にあります。

ヴィクトリア女王の時代、悪名高きアヘン戦争で得た莫大な利益を管理する銀行として設立された香港上海銀行も、その後ろ盾は、ジャーディン・マセソン商会、ロスチャイルド家、その姻戚関係にあるサッスーン家などでした。

すでに上海を手に入れた国際銀行家が、次のターゲットとして日本に目を向けるのは当然の成り行きでした。グラバー商会とは、国際銀行家が日本侵出への足懸りとして設立した橋頭堡《きょうとうほ》以外の何ものでもなかったのです。

一介の脱藩浪人に過ぎない龍馬がいかに情熱と才能に溢れていたとしても、なぜあれほどの活躍ができたのでしょうか。その理由は、長崎で龍馬とグラバーが接触を持っていたことを見れば明らかです。

グラバーにしても龍馬にしても、若い彼らだけの力では到底成し遂げられないような業績を挙げています。相応の財政的、政治的な裏付けが彼らの目覚ましい活動を支えていたことは間違いありません。

表向きは龍馬の仲介により長州、薩摩の連合が成立し、幕府は一気に追い詰められていきます。近年、長崎のグラバー邸に、屋根裏の隠し部屋が存在することが判明しました。おそらくは、このような場所で、グラバーを交え、藩士たちの密談が行われていたのでしょう。

幕府にはフランス側から、薩長には英国側から武器が売られましたが、英仏両国のバックにいたのが、他ならぬ国際銀行家でした。そして、アメリカの南北戦争で余剰在庫となった大量の銃、大砲や弾薬が日本国内に持ち込まれたのです。

国際銀行家は、狙った国の勢力を分断し内戦を仕掛け、国力を衰えさせたうえで乗っ取るという方法を常套手段としていました。そのからくりを見破ったのが勝海舟であり、徳川慶喜は、内紛を避け、他国の介入を排除するために大政奉還を決断するのです。

しかし、国際銀行家からすれば、このような事態はあってはならないことでした。武器は使ってもらわないと儲けになりませんし、国体が弱体化しないと内政をコントロールすることは難しいからです。

維新の陰で動いていた龍馬は、グラバーと交流はしていたものの、決して内戦を望んではいませんでした。有名な「船中八策」を起草し、大政奉還に大きな影響を与えた龍馬は、ついには、イギリス、フランス、そして打倒徳川に燃えていた薩長の怒りを買ってしまうのです。

龍馬や後藤象二郎の進言を支持した土佐藩が、慶喜に大政奉還の建白書を提出したことを受け、慶応三年一〇月一四日（一八六七年一一月九日）に、ついに慶喜は朝廷に大政奉還を上奏、翌日に明治天皇の勅許を受けることになります。

しかし、この動きを察知していた岩倉具視の画策により、その直前に薩長両藩に討幕の勅命が下されていました。残念ながら、内戦を防ぎたいとの龍馬の願いは、すんでのところで岩倉により絶たれ、戊辰戦争が勃発してしまうのです。

龍馬は、自らの命を懸けた大政奉還の成就を見届けてまもなく、慶応三年一一月一五日、誕生日と同じとされる日に、近江屋で非業の死を遂げています。

同年一二月九日、岩倉具視により奏上された王政復古の大号令とともに明治新政府の樹立が宣言され、ここに江戸幕府は、二六〇年の歴史に事実上の幕を降ろすことになります。

外国からの近代的な兵器を大量に手にしていた新政府軍は、勅命という錦の御旗のもと、一連の戊辰戦争（慶応四年～明治二年）において、賊軍として追い込まれた旧幕府軍を壊滅させました。そして、明治新政府は、国際的にも合法政府として認められていくことになるのです。

近年の研究により、江戸時代の庶民は、封建制度のもとで武士に圧迫されて暮らしていたのではなく、自由で豊かな文化生活を享受していたという史実が明らかになってきました。百万都市江戸に張り巡らされた上・下水道網や、世界から絶賛を浴び、印象派の画家たちに大きな影響を与えた浮世絵などはその好例と言えます。

とはいえ、日本人が物質的にも経済的にも豊かな生活を送れるようになったのは、明治維新以降、速やかに導入された西洋文明の恩恵と、開国を支えた先人たちの血の滲むような努力があったからこそです。ですから、明治維新の功罪については幅広い見方があって当然です。

ただ一点、明らかなことは、戊辰戦争の後、日本が、西南戦争、そして日清戦争から第二次世界大戦へと、ほぼ一世紀に渡り戦乱の時代に巻き込まれていったという事実です。

その結果、日本がどのような国になってしまったのか、そして、その裏でどのような力が働いていたのかを考察し、我が国の現状を理解しておくことは、現代を生きる私たちにとっては不可欠と考えます。

戦乱の一世紀を生き抜いていく日本を、あるときは表向きに助け、あるときは徹底的に攻撃し、巨額の利益を上げた者たちの姿を、ここでしっかりと見極めておく必要があるでしょう。

ただし、ここで気を付けておかなければいけないことは、日本を過酷な状況に押しやる勢力を、恨みや非難の意識で眺めないということです。

ダライ・ラマ法王一四世は、チベットに人民解放軍を侵攻させ、自らを亡命に追い込んだ中国共産党を、「先生」と称しています。なぜなら、法王様は、北インドのダラムサラにチベット亡命政府を樹立したからこそ、チベット仏教を世界に広めることができたとお考えになっているからです。

私たちも、未来への展望を拓くためには、同じような視点から歴史を見直すことを忘れてはならないでしょう。

踏み付けにされた道徳観と倫理観

国際銀行家の意に沿うかのように、幕末から明治初頭にかけての戦乱を導いた維新の立役者岩倉具視が、維新後の新生日本を陰から動かしていく主役となるのは、ある意味必然の流れでした。

岩倉具視を団長とする使節団総勢一〇七名（大久保利通、木戸孝允、伊藤博文ら）は、日本の新たな統治制度の参考にするため、明治四年から二年近くに渡り、欧米訪問の旅に出発しました。

欧米の議会制度や文化を学ぶことはもちろんですが、それとともに、西洋の物質中心主義に基づいた経済理念を徹底的に叩きこまれたことでしょう。この岩倉使節団一行が中心となって、その後の日本の運命を決めていったのです。

明治新政府では、発足直後から長州藩出身者を中心に大きな汚職事件が多発しました。長州藩出身という理由から陸軍中将・山縣有朋が引き立て、御用商人として軍需品を一手に引き受けるようになった山城屋は、山縣に多額の献金を渡しますが、それればかりではなく、生糸相場の暴落で投資に大穴をあけ、当時の国家歳費の一％に当たる六五万円もの公金を、山縣から借り受けるという事件をも起こしています。

この金でフランスに渡り、パリで豪遊した山城屋の噂が日本公使館から陸軍省に入り、事件が露見しました。

桐野利秋ら薩摩系軍人の追及を受けた山城屋は、明治五年、関係書類を焼き捨て割腹自殺、しかし、山縣は職を辞任したものの、証拠隠滅により罪には問われなかったのです。

大蔵大輔《だゆう》井上馨も、南部藩御用商人村井家から強引に没収した尾去沢銅山を、自家に出入りしていた政商岡田平蔵に安く払い下げました。井上は、当初よりこの銅山を個人所有するつもりであり、銅山視察の際に、入口に「従四位井上馨所有地」との立て札を設置させています。

銅山取り上げを機に破産に追い込まれた村井家が司法省に訴えたことからこの事件が

発覚、司法卿江藤新平が徹底的に捜査し、井上は逮捕寸前まで追い詰められますが、結局罪はうやむやにされました。

その後、西郷とともに下野した江藤は、佐賀の乱の鎮圧に伴い敗走するも捕らえられ、梟首《きょうしゅ》（晒《さら》し首）に処されました。西郷も桐野も共に西南の役で命を落とし、翌年、大久保利通が暗殺されるや、長州藩は維新政府の中で独走態勢を築き上げていきます。長州藩閥政治のもとで、山縣、井上もその後復権し、栄耀栄華を極めていくことになるのです。

明治政府は、西洋物質主義の洗礼を受けたであろう使節団メンバーの独壇場となり、その内部においては、倫理観よりも藩閥や経済力が優先されました。そして、国際銀行家の思惑に沿うかのように、拝金主義が世に蔓延していく下地が出来上がったのです。

それとともに、武士道精神の根幹であった道徳観や社会的な倫理観は、地に落ちていきました。

国際銀行家による欧州王室打倒

二〇世紀に入り、国際銀行家は、フランスに続き、ヨーロッパの三つの王冠、ドイツ、ロシア、オーストリア＝ハンガリーにおける君主制の打倒にも成功します。

ロシア・ロマノフ王朝を倒したロシア革命の主役となった二人レーニン、トロツキーも、実はユダヤ人でした。彼らを金銭的に支えた人物も、ニューヨークの大財閥クーン・ローブ商会（一九七七年リーマン・ブラザーズに統合）の主席代表であるドイツ生まれのユダヤ人、ジェイコブ・シフ（Jacob Henry Schiff）でした。

彼は、ユダヤ教指導者ラビの家系の出身であり、父は銀行員でした。代々フランクフルトのゲットーに住み、ロスチャイルド初代マイアー・アムシェル・ロスチャイルドも、同じ建物に住んでいたことが知られています。

シフは、日露戦争の戦費として、二億ドルという莫大な額の日本国債を買い付け、日清戦争で疲弊していた日本を助けました。

ロシアは当時の世界の陸地面積の六分の一を占め、陸軍兵力は世界第一位、海軍兵力は世界第二位を誇っていました。ロシアを警戒するイギリスと利害が一致し、日英同盟を締結できたことは日本にとって強力な後ろ盾となったことは間違いありませんが、レーニン、トロツキーらが率いた反政府市民革命も重要な勝因の一つでした。ロマノフ王朝は、この動乱への対応にも軍隊の一部を割かざるを得なかったからです。

ヨーロッパ駐在参謀の軍人明石元二郎も、シフの支援を受けていた一人であり、レーニンと接触し市民革命を経済的に支援しつつ、諜報活動に精力を注いでいました。

日露戦争における国際銀行家の目的は、ずばりロマノフ王朝の打倒にありました。そのため、彼らは市民革命側にも、日本にも資金の援助を行い、王朝に二方面からの攻勢を仕掛けたのです。

しかし、革命成功後は、白人の新ロシア政府によるアジア支配を望んでいたはずです。ですから、日露戦争における日本の勝利は、たとえ薄氷であったとしても、国際銀行家にとっては、大いなる誤算であったにちがいありません。

彼らにとってさらに想定外であったのは、近代史において初めて、有色人種が白人に勝つという偉業が成し遂げられたことでした。その結果、アジア、ひいてはアフリカの民族主義に火がついてしまったのです。

この地域の人々の意識の変革がどれほど大きなものであったのか、インド初代首相でインド独立運動の指導者であったジャワハルラール・ネルーの次の言葉が雄弁に物語っています。

「アジアの一国である日本の勝利は、アジアの総ての国々に大きな影響を与えた。ヨーロッパの一大強国が破れたとすれば、アジアは昔たびたびそうであったように、今でもヨーロッパを打ち破ることができるはずだ。日本の勝利は、アジアにとって偉大な救いであった。」

有色人種を搾取の対象としてしか捉えていなかった国際銀行家にとっては、未来永劫続くはずの植民地支配が揺らぐなどとは、想定もしていないことでした。

世界支配を目指す国際銀行家にとって、アジアの目覚めとともに台頭し始めた日本は、なんとも目障りな存在になっていくのです。

日本を大東亜戦争に駆り立てたもの

一八九四年の日清戦争、一九〇四年の日露戦争を何とか凌いだ日本は、千島列島、樺太南部の領土、朝鮮半島の優越権、南満州の利権などを手に入れ、アジアにおいて、めきめきと頭角を現していくことになります。

その後に勃発した第一次世界大戦においては、莫大な戦費を供出させられますが、戦場になることもなく戦勝国の仲間入りを果たしました。そして、日本は、主要大国の一つとして認められるようにもなったのです。

しかし、その結果として、太平洋・アジア拡大政策を進める米国にとっては、日本はたいへん厄介な存在になっていきます。そして、アジアにおける日本の勢力拡張に危機感を強めた米国では、「黄禍《こうか》論」（ドイツ皇帝ヴィルヘルム二世が世界に流布）のような人種差別的発言も広まっていきました。

もっとも日本が列強の仲間入りをしたようにみえたとしても、所詮、軍事的に強いのは短期決戦のみです。消耗戦になれば、工業生産力に勝る欧米列強の敵ではありません。

日本が大国との戦争に臨むとしたら、勝つためには、日露戦争のように、早期に有利な戦局に持ち込み、講和に持ち込むことしかないのです。戦闘が長引くことがあれば、日本が敗戦することは必定でした。

第二次世界大戦後、マッカーサーGHQ最高司令官の諮問機関「11人委員会」の一員として来日したヘレン・ミアーズ女史は、著書『アメリカの鏡・日本』の中で、アメリカの戦争目的は、日本のアメリカ征服を阻止することではなく、日本を征服することだったと断言しています。

極東国際軍事裁判の判決が下された一九四八年、帰国していたミアーズ氏は、この本を一気に書き上げています。しかし、その内容をいち早く察知したマッカーサーにより、すぐさま日本での翻訳出版が禁じられました。

この著書において、ミアーズ氏は、アメリカの目的は、日本が国の一部として、あるいは、委任統治領として支配するアジアの島と領土を占領することにあった、そのため、太平洋戦争においては、アメリカが日本を窮地に追い込み、日本が自衛のため、開戦せざるを得ない状況にしたのだ、と結論づけています。

先出のモーゼ氏も、ユダヤ人であるルーズベルト大統領とその取り巻きは、アメリカの太平洋侵略の障壁となる日本を破滅に導くために、経済封鎖により燃料補給路を絶って日本を追い込み、太平洋戦争に巻き込むことに成功したのだ、とミアーズ氏と同様の見解を明らかにしています。

ユダヤ人の機関紙、とモーゼ氏が指摘する「ニューヨーク・タイムズ」は、一九四〇年九月二七日付けで、ワシントン支局長の名で「米国が日本に対して取り得る唯一の道は、経済封鎖である」と公言しています。

モーゼ氏は、この記事を、近代工業国家へ資源を断つという非人道的な鬼畜行為を政府に要求したもの、と激しく糾弾しています。

資源に乏しい日本が強いのは短期決戦のみ、ということを知り抜いていたルーズベルトらは、日本の本土を爆撃で焦土にする前に、輸送船舶を沈め、必要な物資を輸送できなくすることにより、日本の戦闘部隊を機能不全に陥らせていました。この時点でアメリカはすでに勝利していたのです。

それにもかかわらず、アメリカ政府は、日本が世界の脅威という大げさな作り話を宣伝し、パールハーバー奇襲により華々しい戦果を挙げたことを大きく報道し、アメリカ国民に日本は悪の帝国という印象を植え付けることに成功したのです。

じつは、宣戦布告をしなかったとされる真珠湾の「奇襲」攻撃自体、日本政府が意図したことではありませんでした。

日本政府の宣戦布告書は作成されていました。しかし、ワシントン日本大使館の一等書記官が、不得手なタイプライターを用いたため即座に翻訳されず（同僚の送別パーティに出席していたためとの説もある）、アメリカ政府に手渡されるのが遅れたのです。そのために、日本は、「だまし討ちをした卑怯者」のレッテルを現在に至るまで貼られ続けたままです。

国に大きな不利益をもたらしたこの一等書記官は、あまりにも重大なミスを犯したにもかかわらず、驚いたことに、何らの咎めを受けることもなく、戦後に行われた天皇・マッカーサー会見（第一回目、第四回目）の通訳を務めています。そして、最終的には、当時の吉田茂首相の命により、外務省事務次官に昇進し、栄華の階段を登り詰めたのです。翻訳の遅れは単なるミスだったのでしょうか、それともその裏に何らかの意図が隠されていたのでしょうか、今となっては確かめようもありませんが、釈然とはしない疑問が残ります。

この戦争において、アメリカは、補給路を断って日本の戦闘継続能力を大幅に削いだうえで、大都市を次々に廃墟にし、最後に原子爆弾を二発使い、とどめを刺しました。憎き卑怯者の日本人が二度と白人に歯向かえなくするために、です。

日本が攻撃した真珠湾は軍事基地ですが、米軍が爆撃や原爆で攻撃したのは住宅が密集した市街地であり、非戦闘員、無辜《むこ》の民間人を大量に殺傷した行為こそが、国際法に違反した重大な戦争犯罪であるはずです。

この犯罪に使用された広島原爆の核種ウランは、「ロックフェラー・メロン」製であり、長崎原爆に使われたプルトニウムは、ロスチャイルド系の「モルガン・デュポン」が製造しています。ここにおいてもまた国際銀行家が暗躍しているのです。

彼らは、種類の違った二つの核兵器を、戦闘能力を失った日本に対して使いました。そしてそれぞれの破壊効果を世界に誇示した上で、この成果をもとに核兵器の改良を重ね、大量生産していきました。

広島・長崎の地を焦土と化したばかりではなく、地球を核戦争による破滅の危機に追い込みながら、国際銀行家はさらに莫大な利潤をあげていったのです。

戦争はきれいごとではありません。日本も戦争において非難されるべき醜悪な行為に手を染めたことでしょう。しかし、日本だけが悪かったのか、アメリカは正義の旗を振りかざせる権利があったのか、このような観点からの検証も必要ではないかと考えます。

前著『日本の約束』で述べた通り、第二次世界大戦において、日本軍が東南アジアの植民地から欧米を追い出し、その後に勃発した独立戦争においても、日本軍が指導した義勇軍の活躍により、これらの国々が独立を果たしたことは事実です。

インドネシア独立戦争においては、一千名の残留日本兵が義勇軍とともに戦っています。残留日本兵を父に持つ衛藤ヘル・サントソ氏によれば、生き残った日本兵は、名簿から三百名ほどであることが確認されており、そのうちの二十八柱が、南ジャカルタにあるカリバタ国立英雄墓地に埋葬されているといいます（「致知」二〇二〇年五月号）。

このような日本の行為も、欧米からすれば許し難いことでした。

戦後日本は、極東国際軍事裁判により裁かれ、七人の国家指導者が絞首刑となる一方、連合国が行った行為は一切不問とされました。

極東軍事裁判のような一方的な裁判はかつて行われたことはありません。

第二次世界大戦前には、一国の指導者たちを戦争行為の犯罪人として裁いた判例はなく、日本が違反したとされる「人道に対する罪」や「平和に対する罪」という概念自体ありませんでした。

インドのパル判事は、判決書のなかで極東軍事裁判について「復讐の欲望を満たすためだけに、法律的手続きを踏んでいるかのように、装ったものでしかない」と強い口調でこの裁判の在り方を断罪しています。

しかも、日本を裁いた連合国側のオランダやイギリスは、あろうことか、この時期に再び植民地化すべく、インドネシアやビルマに攻め込んでいるのです。

しかし、これらの国では、義勇軍と残留日本軍が協力して元宗主国を打ち破り、独立を果たしています。民族自決主義に目覚めた有色人種による独立運動は、もはや抑え込めないほどに激しくなっていることをイギリスもオランダも思い知らされたのです。

にもかかわらず、極東軍事裁判で裁かれたのは日本だけでした。

第二次世界大戦をわが国では「大東亜戦争」と称しました。東南アジアを白人の支配から解放する、との大義がその名称には込められていました。

しかし、戦後、GHQにより、この名称を使用することは禁じられ、太平洋戦争と称されるようになりました。そして、東南アジアにおける日本人の植民地解放への努力も歴史の闇の中に埋もれていくことになりました。

もし「大日本帝国」が、無法な蛮国であるなら、大東亜戦争終結後は、世界に平和が訪れたはずです。ところが、ミアーズ氏の指摘通りに、戦後アメリカは、基地化した日本を足掛かりにして、アジアに進出の手を伸ばし始め、世界は平和とは真逆の方向に動いていくのです。

日本の敗戦後すぐに勃発したのは朝鮮戦争でした。南北に分かれた朝鮮のバックについたのは、それぞれ、中国・ロシアとアメリカです。連合国軍として共闘し、日本に勝利した国々でした。

大国間の対立は、そのままベトナム戦争にも持ち込まれます。

ユダヤ人国家イスラエルが建国された中東も、常に戦火に晒されてきました。

その陰にいつもちらつくのはアメリカの影でした。アメリカこそは、日本に平和の尊さを教え込んだ国のはずでした。そのアメリカを裏から操っているのは、強大な軍産複合体を支える国際銀行家であることは言うまでもありません。

教育破壊による歴史と神話の抹殺

「日本の国は一度潰れたようになるのだぞ。一度は神も仏もないものと皆が思う世が来るのぞ。その時にお蔭《かげ》を落とさぬよう、しっかりと神の申すこと腹に入れておいてくれよ。」

（一二三神示　第一巻　上つ巻　第九帖）

自然主義派である東南アジア人たちが、自己愛に目覚め、民族意識が高揚していくなか、その動きとはうらはらに、東南アジアの独立に手を貸したはずの日本人は、ＧＨＱにより自虐意識を植え付けられ、神示が語るように、民族としての自信も誇りも失い、潰れたようになっていくのです。

　戦後、ＧＨＱは、極東軍事裁判をはじめとして、日本の国体から日本人の精神性まで、徹底的に破壊することを目指し、膨大かつ情け容赦のない策略を実行していきました。その作戦を作り上げたのが、モーゼ氏たちユダヤ人だったのです。

　ＧＨＱは、白色人種に逆らった日本人が、二度と立ち上がることのできないように、過酷なまでのＷＧＩＰ（War Guilt Information Program　戦争贖罪宣伝計画）を推し進めました。

　その中心となったマッカーサーは、フィリピンの戦い（一九四一年〜四二年、米軍の全面降伏で終了）に、アメリカ極東陸軍司令官として参加していましたが、コレヒドール島から魚雷艇で脱出し、その後命からがらオーストラリアに脱出しています。

　このとき、マッカーサーは、日本軍の戦意の高さ、命を惜しまない勇猛さ、統率のとれた戦いぶりに心底脅威を感じたといいます。

　マッカーサー率いるＧＨＱは、恐ろしい日本人を詳細に研究し尽くし、その精神性を徹底的に貶めることを目的としました。そして、日本人の誇りと自信を失わせるために、ＷＧＩＰに基づき、国民の精神性を養う根幹となるはずの教育理念を容赦なく叩き壊したのです。

ＧＨＱは、政界、官僚、経済界、言論界などから戦争協力者の名のもとに、二〇万人以上の者を公職から追放しましたが、教育界においても同様の施策が情け容赦なく断行されていきました。

教育現場では、密告や思想のチェックまでもが蔓延し、現場に留まるためには、考えを転向せざるを得ず、そうでないものは立ち去るしかなくなりました。

教科書の検定においても、検閲、タブーが徹底的に行われ、日本の古代には何もないことになり、日本人は民族の魂である神話を失いました。外国においてはごく当たり前の感情である愛国心も、いざ口に出そうものなら、軍国主義者、右翼の誹《そし》りを受けることになったのです。

千年以上にも渡り、日本人の間で受け継がれてきた神話は、いわば民族の魂であり、民族の心を一つに繋げる大きな力を持っていることは間違いありません。すべてが史実ではないにしても、人生において大切な真理を寓話として示唆し、人間として生きる道を説いているのです。

多くの神々が愛憎劇を繰り広げる「ギリシャ神話」は、ギリシャ人にとって欠かせない教養として、初等教育の一つに加えられています。

また、西洋人の精神的支柱の一つであり、西洋哲学や思想の形成に大きな影響を与えてきた「聖書」も、言うならば壮大なる神話です。

神話は、人生における大切な指針を示すのみならず、自然現象や文明の創世記における重大な故事を暗喩にし、現代に語り伝えているとも言われます。世界各地に伝わる多くの神話が大洪水を伝えていることは良く知られています。

我が国においても、「古事記」や「日本書紀」が長い間に渡り、神話としての役割を果たしてきました。

「古事記」が語る造化三神、天御中主神《あめのみなかぬしのかみ》、高皇産霊神《たかみむすひのかみ》、神皇産霊神《かみむすひのかみ》は、それぞれ「宇宙の大元」、宇宙創成の「陰」と「陽」のエネルギーを現すとされます。

「宇宙の大元」をビッグ・バンを起こした根源のエネルギー、「陰」を電子、「陽」を陽子、そしていまだ不明とされる素粒子間に働く力を神なる力の顕現と考えれば、「古事記」が伝える天地開闢《かいびゃく》の物語は、決して荒唐無稽な話ではなく、今後科学的に解明されていく可能性もあるのです。

どの民族にとっても神話は、民族の精神性を形作ってきたかけがえのない文化です。この神話が、天皇家という世界最古の王朝が続く国に千年以上に渡り、連綿と受け継がれてきたという事実は、それだけでも十分尊重するに値するはずです。

縄文時代は、貧しく原始的な生活をしていた時代として扱われ、神話は教育課程から全て省かれました。そして、情操や感性を育むよりも、知識や記憶力が優先されるようになり、競争意識と共に、「日本はアジアに侵略した野蛮な国であった」という贖罪意識が、幼い心にしっかりと教え込まれていきます。

自虐意識が育まれるように仕向けられた戦後教育を受けた私たちは、日本に生まれてしまった事を恥かしく思うようにさえなってしまいました。

そんな私たちにとっては、自らの国の文化について、誇りを持って語ることは容易ではありません。外国では、自らの文化を大切にしない者は、他の国の文化にも敬意を払わない者と解釈され、相手にされないこともあるのです。日本が民間外交を進める上で、決定的に不利な状況であることを私たちは理解しておく必要があります。

歴史家のアーノルド・トインビーは、「民族の神話を学ばなかった民族は、例外なく滅びている」と述べていることはよく知られています。

神話を知ることがなければ、民族の独自性、矜持が失われていくのは自明の理です。自らの出自に誇りを持つこともできなくなれば、その民族は存在意義を失い、消滅していくのです。

民族の文化を奪うには、神話を民族の記憶から消すこと、そのために最も有効な手段は、子供の教育現場から神話をなくしてしまうことです。

ＧＨＱが目指したのは、日本人が二度と白人に歯向かえないようにすることでした。彼らによる教育の破壊はその目的を見事に達成しつつあるのです。

「いずこも土に返ると申してあろうが。東京も元の土に一時は返るから、そのつもりでいてくれよ。神の申したこと違わんぞ。」

（一二三神示　第一巻　上つ巻　第十一帖）

この預言通り、終戦時日本の大都市は軒並み破壊され瓦礫の山と化しました。それから七五年、街並みこそ復興したものの、日本人が本来持つ精神性は荒廃し、今や失われ、まさに土に返ろうとしているのです。

占領は今も続く

ＧＨＱの目論見《もくろみ》はものの見事に当たり、日本は今だアメリカの植民地のまま独立できてはいません。経済的には豊かになりましたが、政治体制は敗戦時と何ら変わることはないのです。

首都圏の空域は、米軍横田基地の管制下にあり、羽田や成田空港に離発着する航空機は大回りを余儀なくされます。主要な政策は、国会ではなく日米合同委員会が定めます。このような屈辱的な状況に置かれている先進国はありません。しかも、多くの国民はこの事実を知らされることすらないのです。

日米合同委員会とは、米国軍属と日本の高級官僚が参加する会議であり、日本の重要な政策は、この会議によって決められています。

この委員会には、アメリカの外務官僚や大使館員は参加していません。アメリカ大使館がまだ存在しない占領中にできあがった米軍と日本の官僚との間の異常な直接的関係が、いまだに続いているのです。ＧＨＱによる支配は、決して過去のものではなく、現在もそのままに受け継がれているわけです。

このような組織のなかでは、官僚たちが、職業軍人に意見を言えるわけもなく、その一方で、米軍に貢献した官僚は栄達の道を進むという暗黙の了解もあります。

巨大な利権を手放したくない米軍と、付き従う日本の官僚が法的権力構造のトップに君臨しているわけです。

日本占領は、アメリカ外交史上最高の成功物語と言われる所以《ゆえん》です。

贖罪意識に囚われ、思考停止に陥った日本人はこのような事態を知ることがあっても反抗などできません。現在の日本は、未だに独立国家としての体を為《な》していないのです。

このような支配制度のもと、世界に逆行するような政策がこの日本では平気で取り上げられていきます。そして、防衛、エネルギーのみならず、食や農業、医療を通じて吸い上げられたお金は、海を越え、世界の金融体制支配を目指す国際銀行家に渡っていくのです。

現在の自由主義経済のもとでは、国際銀行家のような強者は、闘争本能を剥き出しにして、その欲望の赴くままに、富を溜めこむだけ溜めこんでいきます。その反面、弱者は搾取され続け、貧富の差はますます激しくなる一方です。

彼らは、さらにその勢いを増し、国家間の紛争のみならず、石油から核開発に至るエネルギー、食や農業ビジネス、医療など私たちの生活を取り巻くあらゆる分野に進出し、人間性を軽んじた金儲けのシステムを構築してきました。

私たち日本人は、国際銀行家の意のままに、物質中心主義、拝金主義にすっかり嵌《はま》りこんでしまったようです。そして、「今だけカネだけ自分だけ」の生き方そのままに毎日を送り、真の人生の目的を見失い、精神的に追い詰められた人が増えています。

何のために生きているのかもわからなくなり、日本の社会も日本人の精神性も、落ち着きを失い、すっかり不安定になってしまったのです。

このままでは、遠からず、日本の強みであった科学立国としての活躍も、日本を支えてきた製造業の国際競争力などもすべて失い、経済大国の地位からも滑り落ちていくことになるのかもしれません。

「悪の仕組は、日本魂を根こそぎ抜いてしまって、日本を外国同様にしておいて、一《ひと》飲みにする計画であるぞ。日本の臣民、悪の計画どおりになって尻の毛まで抜かれていても、まだ気付かんか。」

（一二三神示　第八巻　岩戸の巻　第十帖）

尻の毛まで抜かれて……、神示の叱責は激烈さを増していきます。

闘争本能剥き出しの獣への道

第二次世界大戦時、プロパガンダの天才と称されたナチス・ドイツの宣伝大臣、ヨーゼフ・ゲッベルスは、自国を転覆させるために仕掛けられる気を付けるべき謀略として、以下のような項目を挙げています。

彼は、これらの政策を、人間の獣化を進める愚民化政策と断じています。
◎愛国心の消滅　◎悪平等主義　◎拝金主義
◎自由の過度の追求　◎道徳軽視
◎３Ｓ（スポーツ・セックス・スクリーン）
◎事なかれ主義の政策　◎無気力・無信念
◎義理人情の抹殺　◎下級官僚の横行
◎利那主義　◎自然主義　◎国粋否定
◎享楽主義　◎家族制度崩壊
◎民族的歴史観否定

これらの項目を眺めてみると、恐ろしいことに現在の日本に当てはまることばかりではないでしょうか。

ちなみに、ゲッベルスが指摘する自然主義とは、自然科学分野における一手法である方法論的自然主義のことです。換言すれば、自然の探求に神のような超自然的、オカルト的要因を用いないことであり、霊性に基づいた自然主義の考え方とは、名称こそ似ていますが、まったく非なるものです。

ゲッベルスの警告など知る由もない私たち一般の日本人は、この政策のままに、本来の精神性を奪われつつあるのです。

母国への愛着を失い、拝金主義に染まり、闘争本能を剥き出しにして金やモノを追い求め、争いが極まれば、その先には民族としての滅亡しかありません。

繰り返しにはなりますが、愚民化政策の根底には、戦後GHQが作成した見事なまでの基本方針が有ります。その目指すところは、日本からの経済的な搾取と、初めて白色人種に対抗した有色人種である日本人が、二度と立ち上がれなくすることです。

アジア・アフリカの独立運動に大きな影響を与えた日本人が、今の屈辱的な状態に気づき、再び目覚めたらとても困るのです。今の植民地体制をアメリカが終わらせない理由がここにあります。

GHQが目指した日本人愚民化計画は、今まさに完璧なる成就の時を迎えようとしています。

しかし、本来、私たち日本人は、ゲッベルスが警戒した愚民化政策とは、全く正反対の生き方をしてきたのです。この事実を今こそ思い出す必要があるのではないでしょうか。

有史以来、この日本列島の上で、地震や津波、台風や火山の爆発といった天変地異に脅かされ続けてきた日本人は、命が儚いもの、この世の富や財産などは死を前にすれば儚い幻であることを過酷な体験から深く理解していました。

自然からの過酷な洗礼に耐え、生き抜くためには、周りの人との協調は不可欠でした。

そもそも日本人は、死ぬこと自体、この世に生まれた以上、避けることの出来ない運命として受け入れてきました。

明日地震や火山の爆発が起これば自分の命など消し飛んでしまいます。たとえ災害に遭うことがなかったとしても、生を受けたものは、所詮いつかは必ずこの世を去る運命にあります。

だからこそ、私たち日本人は、今この一瞬に生きていること、生かされていることは当たり前ではないと考え、自らを生かしてくれる大自然に感謝を捧げ、周りの人との調和を大切にし、かけがえのない今日という日を充実させ、悔いの残らぬよう懸命に生きてきたのです。

何ものにも代えがたい今の一瞬に思いを集め、充実させて生きることができれば、いざという時に悔いなく旅立つことができるのです。

死を見つめれば生が輝く、これこそが東洋哲学がいにしえより説いてきた生死一如《しょうじいちにょ》の精神です。

生死は渾然《こんぜん》一体であり、一切のものは無常である、この生死一如の教えを受け入れることができれば、あの世へ持っていけない俗世的な名誉や金は意味をなさないことに思いが至り、モノや金への執着は自然と消えていきます。

物質は有限であるのに対し、目に見えない世界は限りがありません。物欲から離れ、目に見えるけれど限りある物質より、目には見えないけれど、無尽蔵である心の豊かさを追い求めれば、人間は美しく生きることが出来ます。

金を追い求めれば争いが生じますが、心の豊かさを求めれば、みなが幸せになれるのです。

心の豊かさとは、現世での名誉や金ではなく、他人の幸せのために尽くす利他の志に他なりません。

エゴとは真逆の利他の行為こそは、潜在意識の根底にある仏性《ぶっしょう》、慈悲心により引き起こされる気高い振る舞いです。永井博士（第一章）が、慈悲心が秘める偉大な力を私たちに示してくれていることを忘れてはならないと思います。

人は、人の役に立ち、感謝され、必要とされることに最も喜びを感じ、想像を超えた力を発揮するのです。

日本人が縄文の昔から大切にしてきたこの目に見えない世界とつながった生き方こそが、宇宙の大調和実現に向かう「霊性に根差した生き方」なのです。

古来、日本人は、現代の日本社会を覆う「今だけカネだけ自分だけ」の風潮とは真反対の生き方をしてきたのです。

シュタイナーは、「霊性に根差した生き方」について、

「形あるものは皆仲間であり、上下関係はない、助け合ってこの地球で生きていか

なければならない。皆がお互いのお陰様で生かされていることに気づく必要がある。」

と語っています。

日本人は、縄文時代以来、この言葉そのものの生活を送ってきたはずです。

今、日本を覆い尽くす愚民化政策、人間獣化計画を無力にするためには、日本人が本来の「霊性に根差した生き方」を思い出す必要があるのです。

勢力は衰えたりといえど、日本は今だ世界に影響力を有する経済大国であることに変わりはありません。我が国には、国としての立ち位置にふさわしい責任と自覚を持った行動が求められているのです。そのためには、つらくても日本人が辿ってきた過酷な歴史を振り返り、日本人自らの姿をもう一度見直し、洗脳から自らを解き放たねばなりません。

自分一人ではどうしようもない、世の中を変えることなんてできないと思われるかもしれません。しかし、そんなことは決してないのです。

じつは今、国際銀行家が跋扈《ばっこ》し、絶望的とも思われてきた世界の風潮が大きく変わりつつあります。

国際銀行家を躓《つまず》かせるきっかけを作ったのは、次章（第四章）で語る、子を思う親の深い愛情でした。何もできないはずの市井の民でも、愛のために行動すれば、世の中を変えるほどの莫大な力を発揮できるのです。この事実を私たちは是非とも知っておく必要があります。

永井博士の奇跡と同様、今回も私たちは、愛の力が惹き起こした信じられないような奇跡を目の当たりにすることになります。

コラム

心霊現象の科学的探究

心霊研究発足の日

一八世紀末から二〇世紀初頭にかけ、ヨーロッパ王朝を次々に打倒した覇権主義派は、さらに勢いを増し、世界金融支配への野望をより一層増大させていきました。それとともに、彼らは、金融支配をより円滑に進めるために、拝金主義、物質中心主義、唯物的科学主義などを世に広めていきました。

その趨勢《すうせい》に流されるがままに、霊性はなおざりにされ、心霊現象も詐術《さじゅつ》やオカルトとの非難を浴び排斥されていきました。

しかし、唯物的な科学主義が隆盛を迎えようとしていた一九世紀後半、なんとも意外なことですが、世界一流の科学者たちが心霊現象に興味を持ち、その研究に着手し始めていたのです。

なかでも有名なのは、元素タリウムの発見者として知られる物理学者ウィリアム・クルックス博士でした。クルックス博士は、通常の研究をほぼ投げ打ち、五年間心霊研究に没頭しています。そして、最終的に、納得し得る成果を示すことができたとして、心霊現象に関するこれ以上の証明は不要と判断し、通常の科学研究に戻っているのです。

今の時代、心霊現象と口に出しただけで、懐疑的な批判を受けることも多いのですが、このコラムでは、「霊性」への理解を深めるためにも、心霊現象に関する科学的研究を追跡してみることにしましょう。（参考：『神の発見』桑原啓善 著）

欧米における心霊現象研究の機運を高めるきっかけとなる事件が起こったのは、一八四八年三月三一日のことでした。

アメリカ・ハイズヴィルという街にあるフォックス氏邸において毎夜のように鳴り響いていた不思議なノック音が、この日の夜、ついに近隣の人にも広く知られるところとなったのです。

しかも、音が聞こえたばかりではなく、叩音の主が、かつてこの家で起こった殺人事件の被害者であることも明らかになっています。

「フォックス家事件」の二年前、アメリカの霊覚者アンドリュー・ジャクソン・デヴィスは、著書『自然の原理』において、この出来事を予言していました。さらにデヴィスは、騒動が起こったまさに三月三一日の夜にとび起き、「今、その事件が起こった」と日記にも書き記しています。

このようなことから、三月三一日は、「心霊研究発足の日」として、心霊研究者の間では今もなお広く認知されています。

世界的に有名な霊媒で牧師でもあるウィリアム・S・モーゼスは、著書『霊訓』において、「フォックス家事件」から三〇年を経た霊界でも、この三月三一日が霊界と地上との橋が架けられた記念日として祝われていることを伝えています。

このようなメッセージから、「フォックス家事件」は、地上世界に霊魂の存在を知らしめるべく、霊界から大々的に引き起こされた事件ではないかとも考えられています。

フォックス家事件とは？

さて、世に一大センセーションを与えたこの不思議な出来事について、もう少し詳しく追ってみることにしましょう。

一八四七年一二月一日、アメリカのハイズヴィルという村にある一軒家に、フォックス氏一家が引っ越してきました。フォックス氏夫妻には二人の娘、マーガレット（一四歳)、妹のケート(一二歳)がいました。

引っ越し早々から、この家では、寝室や地下室などでコツコツという不思議な物音が聞こえていました。じつは、フォックス家の前に住んでいたマイケル・ウィークマン氏一家も叩音に悩まされ、一年半ほどで引っ越していたのです。

翌年三月になると、物音は大きくなり、家具を揺すったり引き擦ったりする音や、さらには地下室へ人が下りていく足音まで聞こえてきました。はては寝ているベッドまでもが振動させられる始末です。

デヴィスが予言を公にしたり、モーゼスが三月三一日を霊界記念日として伝えていることに加え、これらの大がかりな現象から、この出来事は、殺人事件の被害者が単独で引き起こしたというよりは、多数の心霊が関わり、確たる意図をもって周到に計画されていた可能性もあります。

三月三一日の夜、前日は物音でついに一睡もできなかった一家は、早めに就寝することにしました。しかし、この日は、宵の口早々から例の叩音が始まったのです。

この現象に少々慣れてきた娘たちは、大胆にも叩音に向かい指を鳴らしたり、手を叩いたりして遊び始めました。すると、驚いたことに、叩音は、同じ数だけ音を鳴らして答えてきたのです。

仰天したフォックス夫人は、叩音に向かい、「私の子供は何人？」と質問してみました。すると叩音は、七つの音を発しました。実際にフォックス家の子供も七人でした。四人は他所に住んでおり、一人は死んでいたのです。

さらに年齢を問うと、叩音は、死んだ子の年齢を含め、正確にその年齢の数だけ鳴りました。

フォックス夫妻は驚愕し、近隣の人を呼び集めに廻りました。呼びかけに応じた人の数は、一二〜一四名ほどでした。

近隣の人の提案により、アルファベットを口にしながら叩音が反応した文字を綴るという方法を用いて通信を繰り返したところ、叩音の主は、チャールス・ロスナという三一歳の行商人であることが判明しました。ロスナは、五年前に寝室で肉切包丁により殺され、所持金五〇〇ドルを奪われたうえに死体は地下一〇フィートに埋められたという情報も得られました。居合わせた全員がその叩音を聞いていたことは言うまでもありません。

この噂はたいへんな反響を呼び、翌四月一日には、なんと三〇〇人以上の人が集まりました。そして、夕方から叩音が始まるや、すべての人がその音を確認したのです。夜になり、地下室の発掘が行われましたが、この時は出水が多く、発掘は中止となりました。

翌二日は午前中から叩音が起こり、さらに多くの人がこの音を聞きました。その後は、叩音がない日もみられるようになっていくのですが、その年の夏、水がひいてから発掘が再度試みられました。すると、地下室の地下五フィートのところから、なんと人間の毛髪と少量の骨が出てきたのです。

この骨は医学的な鑑定の結果、人間の骨であることが証明されました。しかし、少量のため、殺人事件を確証させるには至りませんでした。

事件から五六年を経た一九〇四年、フォックス家地下室の壁から偶然、行商人ロスナのものと思われる人骨とブリキ製の箱が発見されています。この出来事が、再度内外の新聞で報道されるや、あらためて大きな衝撃を人々に与えることになりました。

じつは、フォックス家の前住者であったウィークマン一家が暮らし始める前、一八四三年からこの家にはジョン・ベルという一家が住んでいました。

まもなくこの一家で手伝いをしていたルクレチア・パルバーという娘が探し当てられ、彼女の証言により、ブリキ製の箱をかついでこの家に行商に来た顔馴染みのロスナが、ベル家に宿泊した後、行方不明になっているという事実が明らかとなりました。しかも、ロスナがいなくなるのとほぼ時を同じくして、叩音が聞こえ始めていたのです。

一方、ベル一家の前に住んでいたデュスラ一家は、まったく叩音現象を経験していませんでした。

以上を踏まえれば、ロスナを殺したのはジョン・ベル、そして叩音は、ロスナからの霊界通信であったのではないかと推測されてきます。

しかし、ブリキ製の箱と新たな人骨という決定的な証拠が発見されても、ベルが逮捕されることはありませんでした。なぜなら、ベルはすでにこの世にいなかったからです。

じつを言えば、ロスナは、当初の霊界通信において、「犯人は裁判にかけられず、法律で処罰されることもない。」と伝えていました。であるなら、あたかもベルの逮捕を避けるかのような時期に骨が現れたことにも深い理由があったことになります。

事件が起こって間もない頃、地下から発掘された人骨は少量であったため、事件の立証には至りませんでした。それでも、世間的に心霊現象を納得させるには十分でした。

当初死体を地下室に埋めた犯人は、単に発覚しやすいと思い直しただけで掘り返し、壁の直下に埋め直したのかもしれません。しかし、その埋め直しという行為があったからこそ、犯人が亡くなってから人骨が発見されたのであり、結果的に、犯人はロスナの予言通り逮捕されることはなかったのです。

つまりは、意図するしないに関わらず、犯人もこの大いなる神界の計画に参加させられていた、だからこそロスナは敢えて罰しないように配慮を働かせた、と考えることもできるわけです。

さて、この衝撃的な叩音事件が起こって間もなく、姉娘マーガレットは姉の家に、妹のケートは兄に預けられました。フォックス家に毎日見物人が押し寄せ、住んでいられなくなったからです。

ところが、二人が移り住んだ家でも同じように叩音現象が起きました。つまり、叩音現象には、霊魂だけではなく、霊媒体質を持った人間の存在が必要であることが明らかになったのです。

フォックス家事件の衝撃

霊媒がいれば、学者の実験室でも心霊現象が起こせる、フォックス家事件で明らかになったこの事実は、新世界アメリカに驚きとともに拡散されていきました。フォックス家事件が喧伝されるや、アメリカの各地で同じような現象が起きていることが新聞などで騒ぎ立てられるようになりました。知識層階級もこの心霊ブームに関心を向けるようになっていきますが、もちろんいかがわしい情報もあったことでしょう。

しかし、アメリカには、先出のスピリチュアリズムの先覚者アンドリュー・ジャクソン・デヴィスが健在でした。彼は、常に指導者として、偏らない厳正なスピリチュアリズム思想の舵取り役として存在しており、それ故に、初期アメリカの心霊ブームは道を踏みはずすことはなかったのです。

ブームは、政界にも広がっていきます。

時は、南北戦争直前、大統領リンカーンは奴隷解放宣言を断行したいと考えていました。しかし奴隷を解放すれば、奴隷を使っている南部一帯の農業地域は経済的に壊滅してしまいます。かといって、奴隷を解放しなければ、人道的にも解放を求める北部が納得せず、アメリカは二つに分裂したままになります。

アメリカ統一のために奴隷を解放するか、アメリカ同胞の半分を占める南部の経済破滅を避けるために、奴隷を解放せずにおくか、さすがのリンカーンも決断が下せずにいました。

リンカーンは、以前から心霊に関心を持ち、問題があると霊媒の霊示を仰ぐことがありました。今回もリンカーンは意を決して、国が統一できるか永久に分裂するか、という最後の決断を霊示に委ねたのです。

一八六三年、霊示に基づいて、リンカーンは「奴隷解放宣言」を発布しました。北軍の勝利により、アメリカは統一を果たしますが、リンカーンは、戦勝の直後、南部の青年の凶弾に倒されてしまうのです。しかし、アメリカの命運を左右する大きな決断が、フォックス家事件に端を発する心霊ブームにより決定され、新世界アメリカの歴史が、国の統一という望ましい方向に転換されたことは特記すべきことといえるでしょう。

英国への広がり

一八五二年、叩音現象を起こすことのできる霊媒、ヘイドン夫人が、アメリカからイギリスへと渡りました。

彼女が参加した催眠術実験会で起こった不可思議なラップ現象について、次第に新聞が取り上げるようになりました。その結果、イギリスへも心霊研究の波が広がっていくことになったのです。

当然のように、初めは否定派の方が多数を占めました。しかし、有名な社会主義者であるロバート・オーエンが、ヘイドン夫人の介在により、亡くなった両親からの叩音通信を受けるという出来事が起こったのです。その答えがすべて正しかったため、彼は大いに驚愕しました。オーエン八二歳のときのことでした。

オーエンは、世間の嘲笑に一向にひるむことなく、五年後の死に至るまで、スピリチュアリズム周知のために奮闘していきました。彼は、「顕幽通信による偉大な平和革命は間近」とも、「これは、かかる時代に、人類の性格と状態に最大の精神革命をもたらす定めのものと確信した」とも書き記しています。

産業革命後、繁栄を謳歌し、世界の工場とも、世界の銀行とも呼ばれ、世界の科学文明の中心地であったイギリスに、心霊研究が波及したという事実は極めて重大な意味を持ちました。

先述しましたように、元素タリウムの発見者として知られ、当代一級の物理学者であったウィリアム・クルックス博士は、一八六九年から一八七四年までの五年間、心霊研究に没頭しています。しかし、当初の動機は、あくまでもスピリチュアリズムを否定するためでした。

その思いのままに、クルックスは、この五年間、終始厳正な科学的中立な態度を保ちつつ研究を続けました。そしてついに、彼は霊魂の実在を確信するに至ったのです。この確信は絶対的なものであり、彼はそれ以上の霊魂存在の証明の必要はないと考え、心霊研究を打ち切っているほどです。

驚くべきは、その後、クルックスは、再び物理学の実証実験に復帰しているという事実です。心霊現象の観察により、従来の科学的常識をすっかり変えてしまうかのような結果に遭遇してもなお、彼は、旺盛な科学的探究心を衰えさせることはまったくなかったのです。

クルックスは、心霊研究から離れて間もなくの一八七五年頃から、真空度の高い放電管を作った研究に着手し、ついには有名なクルックス管を発明しています。

彼は、クルックス管の中に羽根車をおいて、陰極線を当てて回転させるという有名な実験により、陰極線は帯電した微粒子からなることを明らかにしました。この微粒子は、その後、今では知らぬ人がいない「電子」という名を冠することになります。彼は、科学者としての矜持も、冷徹な観察眼も決して失うことなく、一九一三年には、ついに王立協会の会長に就任しています。

ではいったい、クルックスは、心霊研究に打ち込んだ五年間にどんな実証実験をしたのでしょうか。

もちろん、クルックスが、厳正な科学的態度を失うことなく実験に臨んだことは言うまでもありません。

まず、クルックスは、空中浮遊を衆人環視の中で披露したダニエル・ダングラス・

ホームによるアコーディオンの空中浮揚と自動鳴奏を、厳密な科学的方法により分析しています。具体的には、アコーディオンのまわりを金網で覆い、人の手や物理的な操作が及ばないようにしたのです。

さらに一八七二年からは、霊媒フローレンス・クック嬢の協力を得て、有名な交霊実験を開始しています。クックがトランス状態になった時に出現するケーティ・キングは、物質化する霊として知られており、四四枚の写真も現存しています。

ケーティ・キングは、一八世紀にジャマイカ総督になった海賊ヘンリー・オーウェン・モーガンの娘アニーと名乗りました。

彼女は、生身の人間のように固体化した人体を持ち、呼吸をし、脈を触知し、汗もかいたと記録されています。また会場の参加者とも会話を交わしました。さらにクルックスは、ケーティの髪の毛を切らせてもらい保存もしています。

しかし、一八七四年に、ケーティの「私

物質化したケーティ・キング

しまいました。

の使命はあと一週間で終わる」との突然の告知とともに、以降は出現しなくなって

その後、再び物理学研究者に戻ったクルックスは、一八九八年「イギリス学術協会」の会長就任演説において、次のように述べています。

「すべての問題のうちで、最も重要かつ遠大なものがある……私が数年間心霊研究に従事したことは周知のこと。我々の科学的知識の外に、人間の通常の知能とは別の知能によって行使されている一つの力が存在する。このことを示す実験記録を発表して三十年たつ。私は今、撤回すべき何ものもない。私はすでに公表したものを固守する。」（『神の発見』桑原啓善 著より）

なんと力強い宣言であることか、しかも自他ともに認める学界のトップが、堂々と霊魂の存在を表明したのです。その信念と気迫には驚嘆するしかありません。

SPR（心霊研究協会）の設立とその後

クルックスの勇気ある行動に押されるかのように、一八八二年「心霊研究協会（The Society for Psychical Research：ＳＰＲ）」が、ケンブリッジ大学トリニティ・カレッジにおいて設立されました。一八八五年には、米国にもＡＳＰＲが発足し、その後ＳＰＲの支部となります。

協会の目的は、心霊現象や超常現象の真相を究明するための科学的研究を促進することでした。コナン・ドイル、カール・ユング、マーク・トウェイン、ルイス・キャロルなど、各界の錚々《そうそう》たるメンバーが支持したことでも知られます。

ＳＰＲは、不可思議な現象に関わる資料の蒐集や臨死期における体験のアンケート調査はもちろん、霊媒による詐術の解明も行っています。

ＳＰＲ会長であった古典文学者で詩人のフレデリック・ウィリアム・ヘンリー・マイヤースは、厳密な調査や実験を行い、霊による現象と、生者（霊媒、参加者）の潜在意識やテレパシーによる現象を厳密に区別しなければならないと考えました。そして、心霊現象のなかには、霊魂説をもってしか説明できないものも存在するが、ほとんどは潜在意識とテレパシー、詐術によるものだと断定したのです。

この考え方は、後のＳＰＲの懐疑主義につながっていきますが、この時点における心霊現象の究明とその説明についての諸説が、世に提示されたわけです。

ちなみに現在も使われている「超常 supernormal」「テレパシー telepathy」などの用語はマイヤースの創案によるものです。

マイヤースの次にSPR会長を務めた物理学者オリバー・ロッジは、イギリス王立協会よりランフォード・メダルを授与されています。彼は、同協会における演説で「死は終わりでなく、墓場をこえて生き残るものである。これは科学的にはっきり確かめられた事実である。」と述べています。

じつは彼は、霊媒レオナルド夫人を通じ、第一次世界大戦で早逝した子息のレイモンドと、霊界通信を行っているのです。この通信は、レイモンドの身元証明を伴っており、その内容は著書『レイモンド』にまとめられています。

霊言現象のみならず、一九一三年には、ケーティ現象に匹敵する物理的心霊現象も研究されています。

ドイツ人神経科医シュレンク・ノッチング博士は、アルジェリア出身のフランス人霊媒エヴァ・カリエールを使って、霊魂の物質化現象は、霊媒から出るエクトプラズムによって起こることを明らかにしました。

エクトプラズムとは、「外」を意味するギリシャ語のエクトと「形作られたもの」を意味するプラズムから、フランスの生理学者シャルル・ロベール・リシェ（一九一三年にノーベル生理学・医学賞を受賞）が命名したものです。

エクトプラズムは、交霊会においては多くの人が目撃し存在を認めていますが、クルックスやリシェらが興味を持ち熱心に研究したにもかかわらず、その本体を突き止めるには至りませんでした。写真撮影については赤外線撮影の開発によりある程度解決されることになりますが、光にたいへん弱く写真撮影も当初は困難でした。

エクトプラズムは、流動性のある半ガス状態で、霊媒の指先や、口、鼻などの粘膜質の開孔部から現れます。そして、自由自在に変形し、あっという間に人体を出現させるのです。

研究により、エクトプラズムが現れると、霊媒の体重が減少するものの、実験終了後、霊媒の体内に戻るとすぐに、体重も元通りに回復することがわかりました。

さらにノッチング博士は、科学的な分析により、エクトプラズムが多量の白血球や上皮細胞を含み、唾液の成分に近いことを明らかにしています。

ちなみに霊界通信は、気泡状となったエクトプラズムを破裂させることにより、叩音現象を発生させることができると伝えています。

ＳＰＲは、エクトプラズムを含め、おびただしい数の心霊現象を集めて系統的に分析しています。その結果、詐術や生者の意識に関わる現象も多いという事実が確認されました。ごく少数霊魂からの通信が認められたとしても、人間世界と同じように、その霊魂の格質には大きな差があり、世の福音、生き方の道標となる言葉は少ないことも判明しました。

この分析結果を踏まえ、ＳＰＲは、霊魂の存在を公に認めないばかりか、明らかに背を向ける傾向を示していきました。心霊現象が心を持つ人間の霊媒師の存在を必要とし、また生者の意識の影響を受けやすい以上、他の物理現象のように、心霊現象を科学で完全に説明しきることには無理があると考えたのです。

ニュートン以来現代まで続く物質を対象とした唯物的な科学が、目に見えない人間の心や意識を分析することには、おのずと限界があります。ＳＰＲのこの姿勢も、致し方なかったといえるでしょう。

一九三〇年、コナン・ドイルの脱会とその後に続く八四名の会員退会などによりＳＰＲは、使命を果たしたかのように衰退に向かいます。

コナン・ドイルらは、霊的真理の研究を目指しスピリチュアリズム運動に向かう一方、同じ年には、アメリカのデューク大学において、「超心理学研究所」が設立されました。

「超心理学研究所」では、唯物論に基づく物質的科学的方法に則って、心霊現象の研究が行われました。この施設における研究テーマの主体は、心霊現象から次第に超能力ＥＳＰ（extra-sensory perception）とサイコキネシス（念力）の探求、開発へと移っていきました。

現代においても、カードやサイコロを用いた数理統計的な研究が盛んに行われていますが、もはや死後の研究からは遥かに遠ざかってしまったといってよいでしょう。

今や優秀な霊媒も出現しなくなり、心霊現象自体の研究も困難となっていきます。エクトプラズムも、赤色灯の下では確認できても、白色灯の下では消失してしまうという性質があります。文明の発展とともに白色灯が増えてしまった現在では、エクトプラズムの観察も、すっかり難しくなってしまったようです。

霊界からすれば、このような時代の変化も織り込み済みで、しかるべき時期にすでに十分な現象は示した、ということなのかもしれません。

白色灯の広まりに歩調を合わせるかのように、科学技術文明が格段の進化を遂げ、先進国においては、物質科学を信奉するとともに、モノや金で幸福になれると信じる唯物的な拝金主義の風潮が強まりました。

科学で全ての現象が証明できると信じるのであれば、心霊現象、霊界通信などは非科学的な迷信として否定されていくことは必定です。霊媒師の減少とともに、まやかしの横行も、その流れを後押ししたことは間違いありません。

物質的な科学技術全盛の現代社会においては、かつて世界を賑わせた心霊現象は、人々の頭からすっかり忘れ去られてしまったようです。

しかし、一流の科学者が研究に没頭し、確固たる成果を残したという事実は消え去るものではないはずです。

第四章

翳《かげ》りゆく国際銀行家の栄華

〜迫りくる経済大激震〜

世界支配戦略の綻び

金融、軍事、医療、食・農業、エネルギー関連など世界の基幹産業を軒並み支配下に置く国際銀行家は、今やそのターゲットを真の情報から隔絶されたこの日本に絞り込んできています。

我が国の危機は、外交の面だけに限りません。

農薬や食品添加物の規制は、先進国の中でも図抜けて緩く、食の安全が重大な危機に直面しているのです。その影で暗躍する国際銀行家の策略により追い込まれていく我が国の今後は、一体どうなっていくのでしょうか。果たして希望を見出すことはできるのでしょうか。

しかし、ここにきてついに、国際銀行家による世界支配を目指す盤石の戦略に、綻《ほころ》びが生じ始めました。大きな地殻変動の兆しと言ってもよいでしょう。

じつは、日本にいると認識しづらいことではありますが、今世紀が始まる前後から、国際銀行家の世界制覇に向かう道筋は、すでに怪しくなり始めていたのです。

世界に衝撃を与えたあの二〇〇一年九月一一日のニューヨークにおける同時多発テロも、検証が進むにつれ様相が異なってきました。というのも、ツインタワー完全崩落の機序が旅客機の衝突では説明できず、ペンタゴン（米国国防総省）の損傷部も旅客機の大きさと合わないなど、さまざまな矛盾点が指摘されるようになってきたからです。そのため、イラクに侵攻する口実をつくるため、米国が自作自演の多発テロを仕組んだのではないかと、多くの専門家が疑念を呈しているのです。事実、米国大統領がイラク国内にあると断じたはずの大量破壊兵器も、結局は見つかりませんでした。多種多様な見解をインターネット上で共有できる現代社会においては、世界的な事件に対する検証が、前世紀とは比較にならないほど厳しくなっていることは確かです。

シフが代表を務めたクーン・ローブ商会を吸収したリーマン・ブラザーズも、二〇〇八年に経営が破綻、国際銀行家にとっては大きなダメージとなりました。いまだかつて、彼らはこのような事態に遭遇したことはありません。

9・11テロの後に断行された無謀なイラク侵攻をみれば明らかなように、国際銀行家の収入源の大きな柱の一つは、軍需産業です。

その最も大きな活動拠点と前線基地はアメリカに在り、いつのまにか、世界から戦争が無くなればアメリカの経済は回らない仕組みになってしまいました。だからこそ、国際銀行家とアメリカのネオコン（新保守主義）と呼ばれる一団は、国防総省と共に軍産複合体の中核を成し、世界に争いの種を撒いたり、高い戦闘機やミサイル防衛システムなどを他国に売りつけてきたのです。

元キャリア自衛官の池田整治氏は、著書『未だ占領下にある日本の是非を問う』のなかで、日本の管制権が及ばない米軍横田基地から、北朝鮮の平壌空港に米軍の輸送機が「直行便」として飛んでいることを明らかにしています。その国から飛来するミサイルに対応するため、日本政府は軍産複合体そのものであるアメリカ海軍と軍需産業が開発したイージス・システムに巨額の費用を払わされているわけです。

しかし、もはや、朝鮮半島においても、中東においても、新たな戦争を簡単に仕掛けられるほど、国際世論の監視は甘くはありません。

工業生産力が極端に劣化しているにもかかわらず莫大な軍事費を軍需産業に垂れ流しているアメリカは、今も巨額の財政赤字を計上し続けています。

損失を少しでも埋めるべく、ウォール街における投機的な活動で稼いできたわけですが、所詮《しょせん》、このようなマネーゲームは、工業製品や農産物の貿易取引とは全く異なり、実体があるわけではありません。クリック一つで、巨額のマネーが右から左へ動くような仮想現実的な世界がいつまでも永遠に続くわけはないのです。崩壊は時間の問題、いや、すでに破綻しているのに取り繕っているだけ、との見方もあります。リーマン・ショックはその端緒となる出来事であったのかもしれません。

倒産しかかったアメリカを懸命に支えてきたのがじつは日本の円です。

アメリカ国債を購入したり、イージス・システム、戦闘機などの軍需装備を購入したり、為替の操作を受け入れたりしながら、私たちの血税が、アメリカ、そして私設銀行に過ぎないFRB（The Federal Reserve Board　連邦準備制度）の匿名株主である国際銀行家に流され、日本は莫大な金を奪われ続けてきたのです。

華々しい掛け声とともに導入された郵政民営化も、ゆうちょ銀行を株式化して、巨額の資産を国際銀行家に貢ぐシステムづくりに過ぎませんでした。

にもかかわらず、テレビは、野球、サッカー、オリンピックなどのスポーツやお笑い番組など、外国人から見れば、七〜八歳向けと揶揄されるような番組ばかり流し、国民には重要な真実は何も知らせないままとなっているのです。

今の段階で日本に残る金は、農林中金とＪＡの所有する金のみといわれます。これらの資産を民営化し株式化すれば、国際銀行家の思いのままになります。日本政府が、彼らの言うことを受け入れるなら、最後の頼みの綱も海の向こうに消え去るのです。

国際銀行家の命運が尽きるのが早いのか、それとも日本がさらに追い込まれていくのか、今まさに瀬戸際の局面を迎えています。

しかし、地球史の潮目が大きく変わりつつある今、順風満帆だった国際銀行家を乗せた豪華客船は、逆巻く渦の中にゆっくりゆっくりと巻き込まれていくのです。

絶望からの反抗

元農林水産大臣で弁護士の山田正彦氏の著書『売り渡される食の安全』からご紹介しましょう。

世界の遺伝子組換え食品、農薬などのアグリビジネス（農業関連経済活動）を牛耳るのは、巨大多国籍バイオ化学メーカーのモンサントです、いや、正確には「です」ではなく、もはや「でした」というべきでしょう。

モンサントは、かつては世界において向かうところ敵なし、国際銀行家たちに潤沢な資金をもたらす金の卵を産むニワトリでした。

しかし、モンサントの鉄壁の牙城に、ついに乾坤一擲《けんこんいってき》の鉄槌を浴びせる衝撃的な出来事が起こったのです。

モンサント没落のきっかけとなったのは、幼い子供に最後に父の強い姿を見せたいと願った末期がんの男性と、原因不明の病に苦しむ子供のために立ち上がった一人の母親の勇気ある行動でした。

国際銀行家の生んだ怪物モンサントによる農業経済の支配システムは、官学を広く巻き込み難攻不落の城塞のように完璧でしたが、この絶望的な状況に臆することなく、敢然と反撃の狼煙《のろし》をあげたのは、普通の暮らしを望んだ市民たちだったのです。

二〇一八年八月一〇日、アメリカ・カリフォルニア州において、世界の流れを一変させる画期的な判決が下されました。

　末期の悪性リンパ腫と診断された男性、ドウェイン・リー・ジョンソンさんが、がんの原因は除草剤ラウンドアップにあるとして、モンサントを訴えた裁判で完全なる勝利をおさめ、鮮やかに巨人攻略の先鞭をつけたのです。

　ジョンソンさんは、中学校校庭の害虫駆除や雑草防除を担当するマネージャーであり、年間二〇から三〇回、ラウンドアップ散布を繰り返していました。時にはホースの結合部が外れラウンドアップを体に浴びることもあったと言います。

　最初の症状は、左腕の発疹で、次第に激しい痛みを伴うようになりました。一向に改善しないため、心配になり受診した病院で悪性リンパ腫の診断が下されたのです。

　ジョンソンさんは、毎日泣き崩れて暮らしました。しかし、原因には思い当たるものがありました。彼は、残される幼い子供たちに強い父親であることを示すため、土壇場で闘う決意をしたのです。

　もちろん裁判は苦難の連続で、強力なロビイストを多数従えたモンサントの不遜な態度は一向に変わりませんでした。

しかし、良心の呵責に苛まれたモンサント社員が機密文書を内部告発したことで状況が一変、データの歪曲や捏造といったスキャンダルまで明らかになったのです。

その結果、サンフランシスコの陪審は、モンサントに損害賠償と懲罰的損害賠償金として、合計二億八九二〇万ドル（日本円にして約三二〇億円）もの巨額の支払いを命じる評決を全会一致で決定しました。

この判決に関するニュースは世界を駆け巡り、お隣の韓国でもトップで報じられ、その後も大々的に取り上げられたと言います。

しかし、日本においては、山田正彦氏の知る限り、ＮＨＫ ＢＳニュースで一度報じられただけであったそうです。戦後のＧＨＱによる占領以来、変わることなくメディアを完全に支配されたままの日本と、他国との差に、ただ愕然とするばかりです。

モンサントは、もともとはベトナム戦争で使用された枯葉剤を作った農薬メーカーであり、ラウンドアップは、枯葉剤の主成分を原料として作られました。

モンサントはさらに、ラウンドアップに耐性を持つ遺伝子を組み込んだ大豆の開発にも成功しました。この遺伝子組み換え大豆の特許を取得した上で、モンサントは、ラウンドアップ、化学肥料を加え、三点をセットにして売り出しました。

面倒な除草作業が不要で、収穫量も格段にアップする、との宣伝も功を奏し、このセットは全世界で大ヒットとなったのです。

その結果、モンサントは、ラウンドアップとともに遺伝子組み換え作物でも世界トップのシェアを占めるようになります。

そもそも遺伝子組み換えは、自然の交配、品種改良とは異なります。

目的に適した遺伝子を見つけて取り出し、別の生物の遺伝子を組み込む作業であり、自然界では決して起こり得ません。

アメリカ環境医学会（ＡＡＥＭ）は、数々の動物実験の結果から、遺伝子組み換え食品の即時出荷停止を求める緊急声明を出しています。


「遺伝子組み換え食品と健康被害との間には、偶然を超えた関連性が示されている。

特にアレルギーや免疫機能、妊娠や出産に関する生理学的、遺伝学的な分野で深刻な健康への脅威に至るものである」

遺伝子組み換え食品とともにまかれた除草剤は、人体はもちろん、土壌汚染や生活用水にも影響を与え、二重三重の汚染の危険性を孕《はら》みます。

しかし、画期的なジョンソン裁判の判決以降、アメリカでは流れがかわり、二〇一九年八月の時点で、訴訟を起こした人数は一万八〇〇〇人を越えています。（なお、二〇二〇年二月時点で米国の原告者数は四万八六〇〇人に膨らみました。）さらにフランス、オーストラリアなど世界にも訴訟の波は広がっています。

栄華を誇ったモンサントはあっというまに失墜し、欧米ではすでに企業としての命脈は絶たれ、同社を買収したドイツ・バイエル社にはこれから巨額の負債がのしかかります。すでに株価が五割以上下がって、買収した農業部門から一万二〇〇〇人のリストラを発表しています。バイエル社そのものも、このままでは傾くのではないかと危惧されています。ジョンソン裁判の衝撃は、今後ともさらに世界に広がっていくことでしょう。

今や、アメリカのスーパーでは、「NON GMO」（非遺伝子組み換え作物）、「ORGANIC」（農薬や化学肥料を使わない有機農産物やその加工品）の表示が当たり前になりました。このような食品は、多少割高になっても、医療費が安くなればかえって経済的であると考えられています。

これらの遺伝子組み換えに関する表示が義務化されるようになったのは、一人の主婦、ゼン・ハニーカットさんの勇気ある行動がきっかけでした。彼女の行動が全米に広がる市民運動を巻き起こしたのです。

市民団体Moms Across America《マムズアクロスアメリカ》を立ち上げたゼン・ハニーカットさんの三人の子供たちは、乳製品や卵、ナッツ類にアレルギーを持っていました。

ある時、親戚が持ってきたナッツに子供が反応、アレルギーショックを起こし、生死の境をさまよいました。

この体験をきっかけに、ゼンさんは、子供たちに食べさせていたものを徹底的に調べ上げました。

そして、アメリカで流通する加工食品の八五％に遺伝子組み換え食品が含まれていることを知ったのです。

彼女は試しに日々の食卓から遺伝子組み換え食品を全て除いてみました。すると三人のアレルギー症状は短期間で改善されていったのです。

その当時、アメリカでは、小麦を早く乾燥させるために、また輸送時にカビや細菌発生のリスクを抑えるために、収穫前にラウンドアップを噴霧していました。

ゼンさんは、ラウンドアップの主成分グリホサートについても注目し、尿検査を行ってみました。すると次男の尿だけから基準の四倍のグリホサートが検出されました。

じつは、グルテンアレルギーのある長男、三男には、パンやパスタなど小麦を原料とした食品を食べさせていなかったのです。

収穫前に農薬を施される小麦が原料となるパンやパスタには、当然のことながらグリホサートが残留していたのです。

その頃、次男は、突然騒ぎ出したりなどの奇行が目立ち始め、学校の成績も急に下がっていました。

尿検査から、グリホサートとの関係を疑ったゼンさんは、病院で検査を受けさせてみることにしました。

すると、次男は、腸の粘膜に小さな穴が開くリーキーガット症候群を発症し、腸内にはクロストリジウムという菌が大量に発生していることがわかりました。

そして、粘膜の穴から体内に取り込まれたクロストリジウムが、脳神経の炎症を起こしている可能性があることを医師から指摘されたのです。

ゼンさんは、農薬や化学肥料を使わないオーガニック食品だけを厳選して食卓に出し、ザワークラウトなどの発酵食品も摂取させました。

その上で、リーキーガット症候群の治療を始めると、次男の尿内グリホサートは検出できないくらいに下がり、症状も軽快しました。

この体験をもとに、ゼンさんが始めた草の根運動が全米一五〇万人の母親を動かしていきました。

日本においても、山田正彦氏による草の根の活動が功を奏し、ダイソーなどでラウンドアップ販売禁止の措置が取られることとなりました。

しかし、ホームセンターでは今なお売られ、公園や学校にもグリホサートが撒かれ続けています。

遺伝子組み換え食品についても同様です。法律には抜け穴がもうけられ、遺伝子組み換えであることを表示しなくて良い仕組みがどんどん作られているのです。

世界の潮流に反する動きを改めないのはこの日本だけ、そして、世界で売れなくなった遺伝子組み換え食品や農薬が世界から日本に集まってきています。

二〇一七年一二月には、厚生労働省は、グリホサートの残留基準を緩和、小麦は六倍に、ソバは一五〇倍に、ひまわりに至ってはなんと四〇〇倍に緩めています。

ジョンソン裁判の判決がこの翌年に下されており、裁判の不利な状況を先読みしたかのような対応です。

欧米はもちろん、中・韓もすでに、反農薬、反遺伝子組み換え食品に動き始めています。

しかし、日本においては、二〇一九年六月と七月の二回、東京大学名誉教授で公益財団法人「食の安全・安心財団」の理事長が、雑誌「農業経営者」に「ラウンドアップの風評を正す」との論文を掲載しています。

この期に及んでなお風評とは……残念ながら、この世界の大きな潮流に、唯一逆走しているのが我が日本の姿なのです。そんな日本を支配しているのが日米合同委員会であり、その裏で暗躍する国際銀行家であることは言うまでもありません。

今や、国民の食、ひいては命を支えるはずの農業がたいへん危うい状況にあるわけです。

メディアが黙殺を続けるこのような農業危機については、山田正彦氏が、著書で告発するまでは、ほとんどの国民は知ることはありませんでした。

ミツバチと種を守れ

一九九〇年代に使用量が急増し、それとともに、ミツバチの神経を混乱させ、大量死や失踪が報告されるようになった殺虫剤ネオニコチノイドも、グリホサートとまったく同様です。

CCD（colony collapse disorder　蜂群崩壊症候群）と呼ばれる現象があります。端的に言えば、農薬によるミツバチの激減です。絶滅にひんする動植物は、今の時代おびただしい数になりますが、食物の受粉を担うミツバチは他の種族とはまったくべつの意味合いがあります。ミツバチの激減は、我が国における食物栽培の危機そのものと言えます。

なぜかと言えば、農作物の三五％はミツバチの受粉によって実をつけるという現実があり、世界の食糧の九〇％にのぼる一〇〇種類以上の作物のうち七一種類までがミツバチ受粉の恩恵を受けているからです。

「ミツバチが絶滅したら、人類は四年で滅ぶ」との言葉が、アインシュタインの予言として知られていますが、人間が食料としている植物の多くは、受粉をミツバチが担っているため、ミツバチが絶滅したら、大きな食料危機に見舞われることは明白です。

フランスではネオニコチノイドの使用は全面禁止、韓国でも屋外での使用が禁止になっているのに、日本では食品残留基準を緩和、ほうれん草では一三倍に緩められています。

しかし、遅ればせながら、ようやく日本においても反抗の動きが始まりました。

『自然農法　わら一本の革命』で知られる福岡正信氏が取り組み始めた無農薬、無肥料による自然農法は、奇跡のリンゴで知られる木村秋則氏に受け継がれていきます。今やお隣の韓国にも広がり、ついには我が国のＪＡの姿勢をも変えつつあります。

また、兵庫県豊岡市は、コウノトリが住める環境にするために、有機米栽培の普及に取り組んでおり、この動きが千葉県いすみ、木更津、愛媛県今治などに広がりました。これらの地域では、学校給食にも有機食材が提供されるようになりました。

種子法廃止に対しても地方から力強い反撃が始まっています。

種子法とは、戦後国民を二度と飢えさせないとの理念のもとに、戦後に制定された貴重な法律です。

この法律により、日本の主食であるコメ、麦、大豆の種子は、国が管理することになり、各都道府県には原種や原原種の維持や優良品種の開発、奨励が義務づけられていたのです。その結果、これらの種子は、一〇〇％国産のまま維持され、「国の宝」として保護され、食の安心・安全や自給率が守られてきました。

しかし、メディアが森友問題で騒いでいる間に、ひっそり種子法が廃止され、従来の国や都道府県の公共品種の維持が難しくなりました。

その結果、これまで守られてきた主要農作物の種子市場が、民間の外資系アグリ産業に席巻されうる事態を迎えているのです。このままでは、貴重な種子がビジネスとして処理され、値段も安全性も保証されなくなってしまいます。

山田正彦氏によれば、種子法の廃止は、もとはといえば、ＴＰＰ交渉の中から出てきたといいます。ＴＰＰ協定は二〇一六年二月に署名されていますが、その際に日米が交わした交換文書があります。

そこには、「日本国政府が外国投資家等から意見及び提言を求め、関係省庁等からの回答とともに規制改革会議に付託し、同会議の提言に従って必要な措置をとる」との主旨の申し合わせがあります。

その取り決めに従い、実際に、外国企業の意向に沿って種子法の廃止や農業競争力強化支援法の制定などが決められてしまったのです。

外国投資家は、二〇年前から日本の種子市場を狙っていました。すでに野菜の種はそれら多国籍企業に支配されています。

三〇年前まで野菜の種子は全て国産でしたが、今では九〇％以上が外国産です。

家庭菜園用にホームセンターで売られている野菜の種の原産地を確認すると、驚いたことに、京野菜であっても、その原産地は、イスラエル、イタリア、アメリカ……などと記載されているのです。

身土不二《しんどふに》という言葉がありますが、植物も、原産地で育てなければ、成分に変化は出てきますし、それを食する我々の身体にも影響が及んでくることは必定です。

しかも、これらのほとんどは、Ｆ１種と呼ばれるもので、一代限りの人工的に造られた種であり、自家採取では同じ性質を持った種が取れません。つまり、翌年は、また新しい種を買う必要があるわけです。残念ながら、現在の日本における市場では、このようなF1種が主流となっているのです。

その一方、良くできた野菜から種を取り、翌年その種をまき育て、ということを繰返して品種改良を図ってきた種を固定種と呼んでいます。

高齢化している農家では、固定種よりはF1種の方が便利ですが、しかし、その種は外国の会社が支配しています。もし、国際情勢の変化により、種が輸入されなくなったら、日本の農業生産は壊滅的な打撃を受けることになります。

しかも、この種を扱うJAは、外国製のF1種と農薬をセットで販売し、JAは販売した種から作られた野菜のみの販売を扱うシステムが出来上がっています。

農薬により痩せてしまった土壌からできる野菜は、ミネラルやビタミンが不足し、繊維質が主体の紙のような野菜になります。

農薬によるミツバチの激減とともに、日本の農業に深刻な影響を長きにわたって与えていくことになるでしょう。このような命にかかわるような重大な事実を私たちはまったく知らされることはありませんでした。

しかし、種子法廃止においても山田正彦氏の地道な講演活動が実を結びはじめています。

じつは、いかに国の法律と言えども、地方自治体の条例により引っ繰り返すことが可能なのです。

すでに種子法廃止を無効にする地方条例が国内各所で採択されており、次々と広がりを見せています。そしてついに種子法の復活法案が野党から国会に提出されるに至りました。今後この動きは決して見逃してはならないでしょう。

気づいた人たちのうねりはもう止めようがありません。このことを政府は知っていたのでしょう。だからこそ報道されていないことを知る必要があるのです。知ることは力です。

国が日米合同委員会によりがんじがらめにされているなら、地方自治から、です。

今、世の中の流れを変えるために求められていることは、私たち一人一人の「気づき」です。私たちの自覚、覚悟が問われているのです。

国の政策には直接関与できなくても、より身近な地方自治体における条例には、私たちの意見は反映しやすいと言えます。政府《おかみ》がすべてうまくやってくれる、今の時代、そんな考えはもはや通用しないことに気づかなければなりません。

山田正彦氏の言葉を引用させていただきます。

「私たちには権利がある。それぞれの地域から自分たちの生活を自分たちの手で守ることができる。

政府が世界とは正反対の方向に加速していっても、地方から変えることができる。

私たちはこの先も先人の思いを受け継ぎ、日々口にするお米や野菜を、安心して受け取っていくことができる。

それは単なる願望だけではなく、法律にきちんと定められた権利であり、だからこそあきらめることなどないのだ。」

この山田氏の熱い想いが、多くの人に広がりますよう願ってやみません。

未来永劫続く植民地はありません。日本もいつかはアメリカの支配を脱する時期が来るのです。

そのためには、現状を知ることです。現実を変えるためにまずできることは、メディアでは報道されない数々の事実をまず知ること、そして商品表示が限られた内容であっても、できうる限り安全に配慮された商品を日々選ぶこと、その選択に大勢の人が参加するようになれば、選挙より大きな力を発揮できるのです。

また、健全な農業を守ることは、自然を守ることそのものでもあります。

本当の神、造物主とは、大自然や宇宙を作り、人間や動物や植物を作り、すべてを生かしてくださっている存在です。

自然を守るとは、グレイト・スピリットや地球から私たちへ毎日贈られる愛のギフトに感謝を捧げる行為です。自然を蔑《ないがし》ろにすることは、天からの神聖な贈り物を踏みにじる行為に他なりません。

神や自然への感謝を忘れ、おごり高ぶった人類がどのような末路を辿るかは明らかです。

春雷の響き　日本でさらなる反抗が始まる

進退窮まったかのように思えたこの日本において、さらに大きな動きが始まりました。日本経済新聞電子版二〇二〇年二月一九日版は、日本がついに生態系に配慮し、欧米に追随して農薬規制に着手することになったと伝えています。

「昆虫など生態系に影響を与えかねない農薬への規制が世界で厳しくなっている。日本では農薬取締法の改正に伴い、今年4月以降、農薬の安全性の評価が厳格になる。先行する欧州連合（EU）では、虫などの神経に作用する農薬の使用を禁じた。健康や環境への影響を懸念する消費者の声に応える各国政府の動きに農薬メーカーは対応を迫られている。」

この改正農薬取締法によれば、本年四月から、農薬が、扱う人や生態系に与える影響が安全かどうかの評価が厳しくなり、毎年報告する必要も生じるのです。

これまでは主に河川が中心で、農薬をまいた後、魚などに影響が出ていないかを中心に調べていました。しかし、四月以降は生態系全体への影響を重視し、昆虫や鳥など陸上の動植物も加わることになったのです。

虫や植物の体内に残った農薬がヒトの健康や生態系に及ぼす影響を分析した研究結果が相次ぎ、もはや無視できなくなってきたからです。その背景にあるのは、もちろん欧米の規制強化の動きです。

日本でも二〇二一年から農薬の有効成分の安全性について、一五年おきに最新の技術で再評価する制度を導入することが決まりました。当初は、ミツバチの大量死との関連が指摘されているネオニコチノイド系農薬など出荷量が多い一四品目が対象とされます。

生態系全体で中長期の安全性を求める声は世界的に強まる見通しであり、農薬メーカーは負担の重さを懸念していますが、安全性のチェックは避けて通れない状況です。この流れはもはや変わらないでしょう。

私たち一人一人にも、社会を変えるような大きな力があるのです。無敵のモンサントを倒したのは、市民たちによる勇気ある告発や団結でした。私たち一人一人にもできることがあるのです。

人類危急存亡の時を迎え、私たちを生かすこの大いなる地球も、人類に生き方を転換するように、強く迫ってきています。

そのためには、これまで常識とされてきた考え方や行動からの脱却が不可欠になってきます。

常識という呪縛から解放されるには、まず、日本のメディアが報じてこなかった世界の動きを知ることです。そして問題意識を持つことが世界を変える第一歩になるのです。知ることが大きな力を生み出します。求められているのは、国の方針の転換ではなく、私たち一人一人の気づきなのです。繰り返しますが、知ることは力なのです。

私たちも、これからは日本人としての生き方や考え方を取り戻し、日本人らしい独自の創造性に基づいた新たな行動が問われる時代になっていきます。その自覚を私たちが持つことからすべてが始まるのです。

長かった地球の冬も終わろうとしています。遅ればせながら、この日本でも、春を告げる雷が鳴り響き始めたようです。

第五章　愛に溢れた社会の実現へ
～ベーシック・インカムを考える～

新型コロナウィルスと日本人

新型コロナウィルスの感染拡大に伴い、二〇二〇年四月、感染爆発（オーバーシュート）を防ぐために日本政府は緊急事態宣言を発令しました。

宣言発令の時期を巡っては、もっと早く出されるべきとの批判もありましたが、少なくともこの時点における日本国内の重症者は、欧米諸国ほど多くはありませんでした。

札幌医科大学が公表している人口あたりの死者数の推移をみてみましょう。

このグラフによれば、欧米では、死者数の立ち上がりが急峻であるのに対し、日本や隣国の中国・韓国ではくっきりとした対比がみられ、

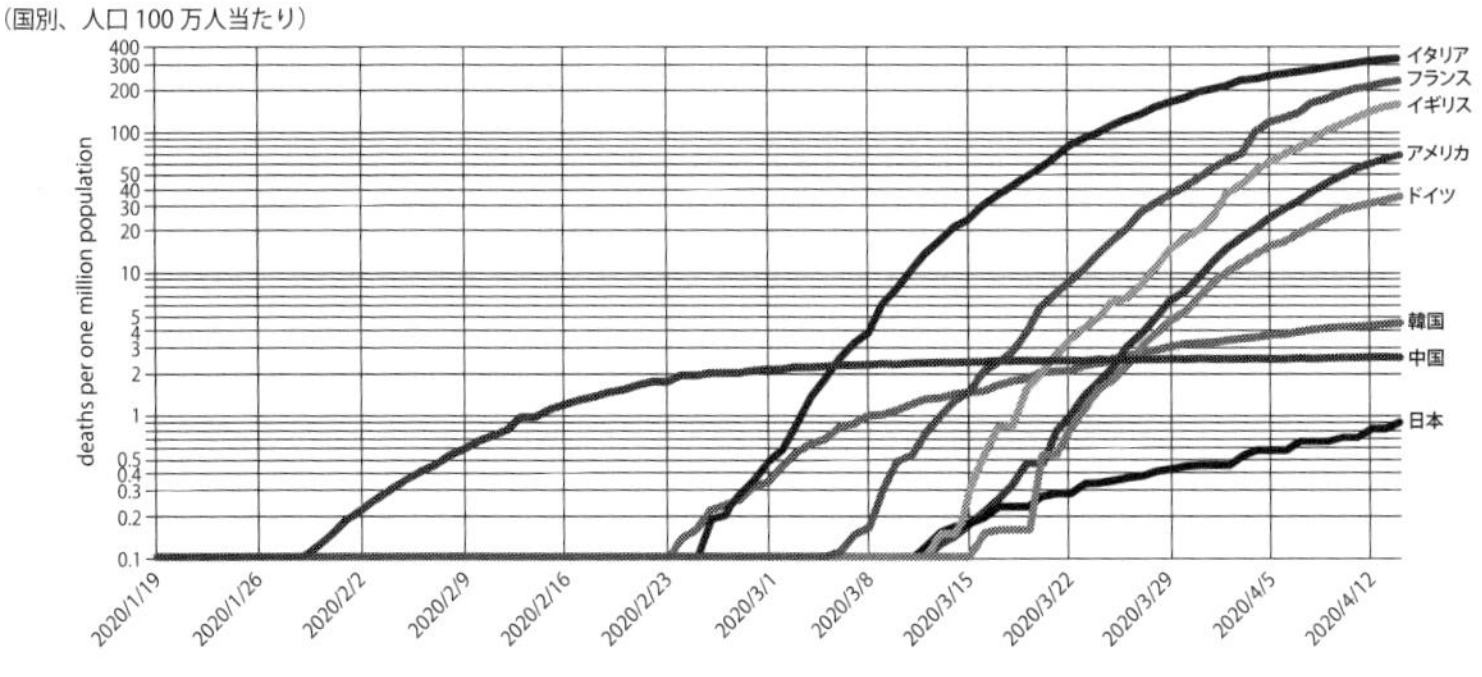

人口あたりの新型コロナウィルス死者数の推移（国別）

〔長堀注：札幌医科大学ホームページ（2020 年 4 月 15 日）を元に、
表示国を選択し、一部改変して作図〕

（https://web.sapmed.ac.jp/canmol/coronavirus/）

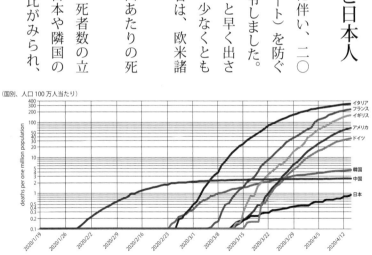

増加のカーブは緩やかな傾向を示しています。

日本における重症患者が少ない理由のひとつとして、逆説的にはなるかもしれませんが、春節を迎え大量に訪日する中国人観光客に対し、日本政府が何ら対応を示さなかったことが挙げられています。というのも、この時点で、日本人がウィルスに感作《かんさ》され、免疫を獲得した可能性も否定できないからです。

春節前の年明け早々、中国で新型ウィルスによる感染症が発生していたことをすでに把握していたベトナム、台湾などは、中国との国境を封鎖し、コロナ感染の爆発的拡大をくい止めることに成功しています。しかし、日本政府は、春節期の入国を許可したばかりではなく、検疫体制も十分強化してはいませんでした。

その結果として、東京では、観光客の立ち寄り先とみられる屋形船やタクシーなどにおける集団感染が発生しています。メディアで報道された感染例は、氷山の一角であることでしょう。

また、集団感染が発生したクルーズ船を受け入れた横浜港においても、下船客の多くは、港から救急車で入院するか、公共バスや電車を利用して帰宅の途へついています。帰宅してからあらためて陽性が確認された乗客もいますから、この時点でおそらくは、ウィルスが市内に拡散されたはずです。

東京、横浜に限らず、この時期に、国内各地を訪れた中国人観光客も多かったことでしょう。

ウィルスが国内に入り込んだことは、もちろん歓迎されることではありません。しかし、この時に、ある程度の濃度でウィルスが広がってワクチンのような効果を表わし、獲得免疫が成立したとすれば、重症化する人が少ない一つの理由にはなるでしょう。

その後、ウィルスが欧米に拡大するにつれ、遺伝子配列に変異を生じ、威力が増した可能性も否定はできません。しかし、中国に近いアジア圏においては、早期に獲得された抗体が「欧米型変異ウィルス」に対しても交差反応を起こし、二次感染の爆発を防いでいると推測することもできるでしょう。

ひとつ忘れてならないことは、二〇〇三年に、中国広東省を起源とし東アジアを中心に感染が拡大した重症急性呼吸器症候群（SARS：severe acute respiratory syndrome）も、じつはコロナウィルス（SARS-CoV）が病原体であったという事実です。中国、韓国、日本などでは、この時に集団免疫が獲得され、今回の局面でも有利に働いた可能性があります。実際に、二〇二〇年五月の「ネイチャー」誌において、米国とスイスの研究者グループが、SARS感染拡大の際に発症した人たちには、今回の新型コロナウィルスへの免疫抗体がある可能性のあることを発表しています。

ただし、この時、SARSは日本では流行していません。しかし、国境は閉鎖されていませんので、ウィルスは間違いなく日本に入ってきています。従って、この時点ですでに日本人は抗体を持っていた可能性も考えられます。

さらには、中国・武漢やイタリアで先進的に進められている携帯電話などの新規格5Gの導入と、感染重症化との関連も指摘されています。5Gは、免疫力の低下など健康への深刻な影響が危惧されており、ベルギーで導入が中止され、スイスやオランダでも導入反対運動が起こっています。もし、5Gの日本への導入がもう少し早い時期から進められていたら、状況は異なっていたのかもしれません。幸いなことに、二〇二〇年五月現在、日本における5G通信網の整備は限定的です。この先の導入が予定より遅れることを願うばかりです。

しかし、このような周囲の環境だけではなく、日本人が持つ資質も忘れてはならないと私は考えます。

日本で重症患者が少ない理由として、日本食に多く含まれる発酵食品や、ＢＣＧ接種による免疫力の活性化なども指摘されていますが、日本人の意識の在り方そのものが感染の発症に影響している可能性があります。

カウンセラーの並木良和氏、東京大学名誉教授矢作直樹氏は、不安や恐れがウィルスを増幅させ、強化させる可能性について言及しています（『新型コロナウイルスへの霊性と統合』より）。素粒子からなるウィルスにも、量子論からすれば「意識」のようなものは存在すると考えられますし、近年、腸内フローラ研究の進展により、人の意識が腸内細菌の環境に大きく影響することも明らかになっています。ですから、メディアの報道により日本人の集合意識が恐怖へと誘導され、そのまま新型コロナウィルスへと向かえば、ウィルスを刺激し、活性化させてしまう可能性も否定はできません。しかし、現実的にはそうはなりませんでした。東日本大震災では、どんな状況下でも相手への思いやりや調和を忘れないという日本人の精神性が明らかとなり世界から称賛を浴びましたが、今回もその資質が発揮され、ウィルスの攻撃性をある程度緩和することに寄与したのではないかと私は推測しています。

本書が出版される頃には、別の驚くような理由が判明しているかもしれません。現時点では真相はあきらかではありませんが、いずれにせよ、新型コロナウィルスは、接触・飛沫感染が主体であり、空気感染力は強くありません。二〇二〇年五月四日に、日本政府は緊急事態宣言の期間を延長しました（同五月二五日全面解除）。しかし、グラフに示されるように、この時点における回復者数は激増しており、すでに日本は、感染収束に向けて大きく動き始めていたと

Newly Infected vs. Newly Recovered in Japan

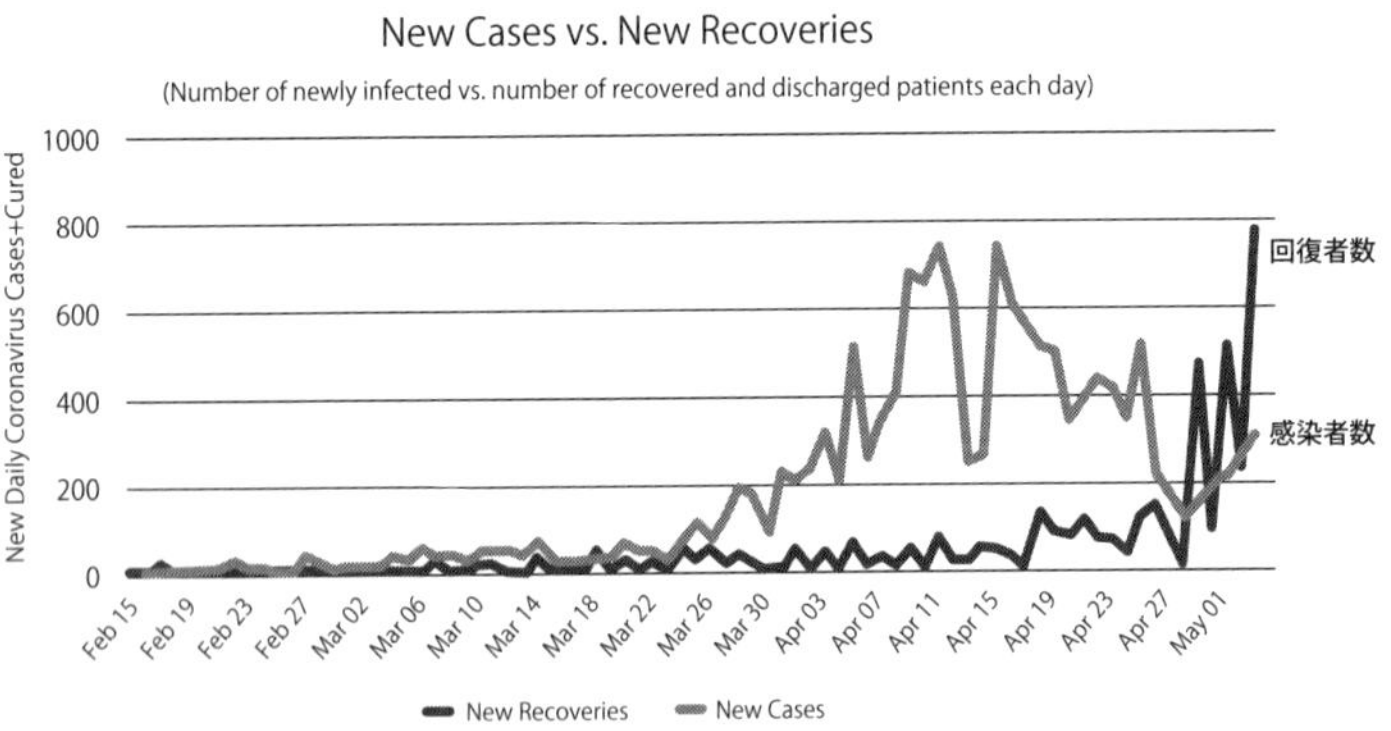

新規感染者数と回復者数の推移（日本）

〔長堀注：ホームページ「Worldmeter」(2020年5月5日) のグラフを元に、一部改変して作図〕

(https://www.worldometers.info/coronavirus/country/japan/)

いえます。

たとえ遷延《せんえん》化するとしても、まもなく日本が梅雨に入れば、空中に漂うウィルスは、一般的には水分とともに地面に落下していきます。他の細胞に寄生しなければ生きていけないウィルスは、いかに新型コロナウィルスが未知であるとは言え、日本の梅雨を越すことは簡単ではないはずです。

それでも、大メディアは、こぞって新型コロナウィルスの恐ろしさを強調し、この世の終わりが来るかの如く、恐怖や不安をかき立てたため、すっかり世情は落ち着きを失くし、混沌としてしまいました。

イベントやコンサートは中止に追い込まれ、外食産業も大きな打撃を受けています。人々の行き来も制限され、今後、経済へ計り知れないほどの深刻な影響を与えかねません。

異常ともいえるこの流れの奥にあるのが、前章でも述べましたように、アメリカ経済危機と多国籍企業の力の衰えです。世界経済の大変動を狙い、自らの負債を帳消しにするかの動きのようにも見えます。ですから、今後の情勢の推移によっては、世界経済も重大な危機に直面していく可能性があります。

しかし、この混沌はピンチであるとともにチャンスでもあるのです。この先、従来のシステムが自壊して大転換が起こり、世の中を引っ繰り返す千載一遇の機会が訪れるかもしれません。

「マトリックス」三部作のクリエーター、ウォシャウスキー兄弟プロデュースにより製作された映画「V《ヴィ》 フォー・ヴェンデッタ」では、第三次世界大戦後のイギリスを舞台に、ウィルスのパンデミック後に到来した世界が描かれています。

映画をよく見ると、時代がまさに今、二〇二〇年であることもわかります。二〇〇六年製作・公開の作品ではありますが、今の世相を見るにつけ、その内容は恐ろしいほどリアルに迫ってきます。

サトラー議員と強制収容所の幹部であったその一派は、浄水場、小学

ガイ・フォークス・マスク

映画「V フォー・ヴェンデッタ」より
©2006 Warner Bros. Entertainment Inc.

校、地下鉄駅の三ヵ所をターゲットにして、自らが開発したウィルスをばら撒き、一〇万人近くの犠牲者を出します。市民の恐怖を煽るためにメディアも総動員されます。その後、ウィルスへの特効薬が販売されますが、薬を開発した製薬会社はサトラー一派と繋がっており、幹部たちは巨額の富を手にします。さらにサトラーは国民の支持を集めて政権を握り、終身議長に就任し独裁を始めるのです。

完全支配を目論む政府に対し敢然と立ち上がったのが、マスクをつけた謎の男Vでした。Vは、ウィルス開発に伴う事故で瀕死の重傷を負うものの蘇ったのです。

「理念は決して死なない、
建物は象徴、象徴を支えるのは人々、建物を壊せば人々は変わる」

との信念のもと、Vは一年後の一一月五日に、ビッグベンもろとも国会議事堂を爆破する計画を企てました。そして、電波ジャックで、その日に国会議事堂に集まるよう民衆に呼びかけ、自らのものと同じマスクを配ったのです。

Vの動きをつぶすべく、サトラー一派は、〝敵は外国ではない、抑制するのは国民、重要なのは全国民へのメッセージだ、国家の危機を全てのメディアで伝えろ、国民に政府が必要だとわからせろ。〃と部下に檄を飛ばします。

しかし、Vの理念に賛同した大群衆が、爆破予告日にマスクをつけて国会議事堂に続々と詰め寄せます。

そして、物語は衝撃のクライマックスを迎え、ついに国会議事堂は爆破されてしまうのです。

人権を踏みにじるような圧制がVという希望を生み出すというこの映画のストーリーは、闇が広がれば光に転ずという陰陽転化の法則そのものです。

加えて、Vが付けるマスクも、どことなく能面を彷彿とさせ、じつに思わせぶりです。

先ほど（第二章）も述べましたように、能は、生者と死者、あの世とこの世、陰と陽の統合に美を見出し、陰陽論の極意を今に伝える芸術です。

能面を付けた登場人物は、能舞台では、この世ならぬ存在を表現しています。この映画においても、Vは拳銃で撃たれてもすぐには死なず、使命を完璧に成し遂げます。生身の人間を超えた、まさに不死身のスーパーマンなのです。生きている人間というよりは理念の象徴であり、「理念は死なない」を体現した存在とも言えるでしょう。

ちなみに、Ｖのマスクはガイ・フォークス＊・マスクと呼ばれ、その起源は一八世紀にまで遡るとされます（ガイ・フォークス＊：一六〇五年、カトリックの国家元首を復活させるために、国会議事堂爆破を画策するも露見し処刑された。この映画にも登場している）。二〇世紀終わりに現在の形にデザインされ、国際的ネットワーク・アノニマスなどにより、社会的な抗議運動の象徴としても使われています。

優れた理念は滅びることなく、時代を超えて受け継がれ、人々を動かし、時代を変えていきます。Ｖとガイ・フォークス・マスクも、この映画では民衆の理念のシンボルなのであり、皆の希望がＶに命と力を与え、ついには独裁を倒すのです。

いつの時代においても、人々を動かす重要な理念は、未来への希望です。

先が見通せない現代社会における理念は、「今の体制が崩壊した後には、絶望ではなく、皆が幸せに暮らせる社会が到来する」と信じることだと私は考えます。

今の殺伐とした世情を見ていると、そんな素晴らしい未来が来るなんてとても想像できないかもしれません。

しかし、私たちが信じることができれば輝かしい未来はやってくるのです。なぜなら、量子力学が導く宇宙の法則によれば、混然一体となった雑駁《ざっぱく》な空間を一定の状況に収束させるのは人の意識であるからです。私たちの意識にはそれほどまでに大きな力があるのです。

私たちの集合意識が明るい未来を目指す方向に向けば、間違いなく大転換は多くの人にとって望ましい方向に収束していきます。

私たちの意識次第では、今の混沌が落ち着く先に、調和に溢れた素晴らしい社会を引き寄せることができるのです。

「悪のやり方は、初めはどんどん行くけれど、九分九厘でぐるんぞ。善のやり方は、初め辛いけれど先行くほどよくなるぞ。」

（一二三神示　第十一巻　松の巻　第九帖）

神示には、世を引っ繰り返す「神一厘の仕組み」という言葉が何回も登場します。この仕組みを発動させる主役は、じつは、私たちの意識、言い換えれば私たち一人一人の気付きに他ならないのでしょう。

「先行くほどよくなる」という望ましい未来が到来するかどうかも、ただただ私たちが未来への希望を共有できるかどうかにかかっているといえます。

意識が現実をつくる、これが今も昔も宇宙を貫く大原則なのです。

自由な感性が未来を拓く

では、集合意識を良き方向に向けるためには、どうしたらよいのでしょうか。

そのためにはまず、世の動きに惑わされることなく事態を分析する力、つまり現在の世界の裏側にある動きを見極め、この先の出来事を想定することのできる冷静な判断力が必要となります。

そのためには、メディアの煽り、洗脳や束縛から解き放たれた「自由な感性」からの判断がぜひとも必要なのです。この感性こそが、輝かしい未来を実現させるカギとなるのです。

コロナ不安を煽り続けるのも、巨大な経済損失の穴埋めを、Vが挑んだ国家権力と同じように「特効薬」や「ワクチン」を売りつけることで補おうとする動きであるのかもしれません。しかし、子宮頸がんワクチンの薬禍を私たちは忘れてはいません。もうメディアに踊らされてはいけないのです。

だからこそ、私たちには今、束縛や洗脳から解放された「自由な感性」で判断することが望まれているのです。言葉を変えれば、世の騒乱やその背後に存在する動きのすべてを、鳥の目から眺めるかのように、心乱すことなく俯瞰することです。空を飛ぶ鳥は、地上の出来事に煩わされることなど一切ありません。先ほど（第二章）言及したアセンションさせた視点からの俯瞰に通じるものがあるでしょう。

アメリカドル破綻の兆しは、すでにあちこちに顕れています。コロナ騒ぎが沈静化した後に待っているのはアメリカの破産と世界的な経済大変動であるかもしれません。その場合は、円もユーロも元《げん》も無事であるわけはなく、世界経済の大崩壊が誘発されることでしょう。

しかし、たとえ現在の経済制度が破綻したとしても、絶望し思考停止に陥る必要はありません。

そもそも、強者と弱者が存在するような経済制度など、皆が望む理想のシステムとは程遠いものです。

これまで世界を席捲してきた物質中心主義、拝金主義が、奪い合いや紛争を引き起こしてきたことは明白です。金やモノに執着するエゴが、現在の世界の苦境を招いたといえます。

ですから、この先に求められる行動は、奪い合いや争いではなく、助け合いや分かち合いへの集合意識の変換以外にはありえないのです。

来るべき経済の大変動が望ましい方向に向かうなら、従来の物質中心主義とは一線を画した新たな経済秩序を一から立て直す絶好の機会になるかもしれません。

もちろん、この難局を乗り越えるためには、相応の覚悟が必要となります。一時的には、金融や物流が滞り、混乱が生じる可能性もあるでしょう。しかし、すべてはより良き社会の実現に向かうための生みの苦しみです。

「奪い合い競い合う経済」から、「助け合い与え合う社会」へ、言い換えれば「愛が循環する社会システム」実現への第一歩になる可能性を秘めた混沌なのです。

だからこそ、どんなことが起ころうとも、パニックに陥ることなく、冷静に行動する必要があります。つらい時期があっても、皆で乗り越えれば、希望に満ちた明るい未来が招来されるのです。

破綻が絶望を呼ぶのか、あらたな分かち合いの社会の実現への一歩になるのか、選ぶのは私たち一人一人の「自由な感性」であり、すべてを俯瞰する冷静な視点なのです。

皆の集合意識が、望ましい未来社会を共有できれば、その通りに実現するのが宇宙を統べる大原則です。

価値観の大変革を迎えようとするこの時代、私たちが忘れてはならない心がけは、未来への希望とともに、愛や思いやりと調和の精神です。

東日本大震災のときにも、お互いの思いやりを失わず世界から絶賛された日本人なら絶対に出来るはずです。

どんな災厄が起ころうとも、私たちの心掛け次第では望ましい未来を導く天啓になりうるのです。私たちは試練を克服し、新しい社会を築きあげていくしかありません。

「今のやり方、考え方が間違っているからぞ。洗濯せよ掃除せよと申すのは、これまでのやり方考え方をすっかりと改めることぞ。一度罷《まか》ったと思え。掃除して何もかも綺麗にすれば、神の光すっかりと光り輝くぞ。」

（一二三神示　第六巻　日月の巻　第十九帖）

これからは、自然に感謝し、愛と調和に基づいて生きる精神性が求められます。「助け合い与え合う」共存共栄の精神、そして霊性に根差す大自然への畏敬と感謝こそが、世界を救うのです。このような態度は、日本人が最も得意としてきたはずです。なによりもまず、私たち日本人が、失っていた民族としての生き方や考え方を取り戻すことが求められているのです。

忘れてならないのは、世界制覇を目論んだモンサントを倒すきっかけを作ったのは、我が子に対する親の無償の愛でした。モンサントの非道な所業により、私たちは、親子の情愛の深さと強さに気づくことができたのです。

愛するという行いが持つ力の大きさを、私たちは決して侮ってはなりません。

シュタイナーのベーシック・インカム構想
～愛の循環が新たな社会を創出する～

「今の経済は悪の経済と申してあろうがな。もの殺すのぞ。神の国の経済はもの生む経済ぞ。今の政治はもの壊す政治ぞ。神の政治は与える政治と申してあろうが。」

（一二三神示　第六巻　日月の巻　第六帖）

多くの人がいつまでも続くと信じている現代社会の経済制度が、もし立ち行かなくなった場合どうするのか、幕末に坂本龍馬が起草した「船中八策」のように、新しい社会の基本方針や理念があらかじめ示されていなければ、古いシステム崩壊の混沌の後には、さらなる混乱が待つだけです。

しかし、「神の政治は与える政治」という神示の理念を具現化し、「助け合い与え合う」社会を創り上げる経済体制の一つの構想として、ルドルフ・シュタイナーは、二〇世紀初頭にベーシック・インカムという手法を提言しています。

ベーシック・インカムには、シュタイナーの望む愛が循環する社会の理念が込められており、現在の社会常識を根本的に覆すほどの大きな可能性が秘められているのです。

シュタイナーはまず、本来の労働とは、人が必要としていることのために自分が働くこと、と定義づけています。

そして、社会全体の幸せというのは、自分の労働が他人に喜んでもらえていることに幸せを感じること、そして、自分の必要としているものを他の人が供給してくれることへの感謝と喜びから始まると述べています。

このような労働思想が徹底されると見返りがほしいとはもはや思わなくなります。

以上を踏まえ、シュタイナーは、社会の主要原則として、共に働く人々の幸せは、一人ひとりが自分の働きの収益を自分のために求めることが少なければ少ないほど大きくなる、言い換えれば、一人ひとりがこの収益を共に働く人々に分け与えることが多ければ多いほど、そして、自分自身の必要としているものを自分の働きによってではなく、他の人々の働きによって充たすことが多ければ多いほど、ますます大きくなる、と表現しています。

これがシュタイナーの説く「経済友愛思想」です。

自分が働いて得たものは全てが自分のもの、というのは自給自足から生まれた考えに過ぎません。

他給経済では、自給自足経済とは異なり、この「経済友愛思想」が極めて重要となってきます。本来の経済活動は、金儲けのためではなく、働くことへの純粋な喜びがなくてはならないのです。

当然のことながら、お互いの思いやりが多ければ多いほど社会全体は幸せになっていきます。そして、自分も幸せな人間関係の中で生きていくことができるのです。

社会を考えるためには、自分のことだけでなく、自分自身を含めたみんなのことを考えなければなりません。

自分自身はみんながいるから働かせてもらうことができるのであり、働いて得た収益はみんなのおかげで受け取ることができるのです。

人のために働くなら、たとえ収入が直接得られなくとも、家事労働を含めて、全てが尊い労働であるはずです。

労働することは、経済生活の枠をはみ出し、人間として生存することと同じと言えます。生まれてきたこと自体、労働なのです。

一人ひとり異なる労働の結果を評価し、給料として、或いは報酬として与えるというシステムが基本であってはなりません。

国は本来、全ての人間に等しく幸福で、文化的な生活を保障する義務があります。

そして、国が国民一人ひとりの国民にお金を支給するときは、その人がどういう働きをしていようとも、労働の質を区別しないこと、そして、どんな人にも無条件に健康で、文化的な生活ができるためのお金を支給することが大原則になるのです。


「働かん者食うべからずと申すこと、理屈じゃ。理屈は悪じゃ、悪魔じゃ。働かん者にもドシドシ与えて取らせよ。与える方法あるでないか。働かんでも食べさせてやれよ。何もかも与えっ放しじゃ。そこに神の政治始まるのじゃぞ。神の経済あるのじゃ。やってみなされ。」

（一二三神示　第十八巻　光の巻　第三帖）

与えっ放しの神の政治、神の経済……、

じつは神示に語られるこの言葉こそがシュタイナーが説くベーシック・インカムの理念の真髄なのです。

それではここで、ベーシック・インカムの具体的な手法についてご説明しましょう。

シュタイナーの生きていた時代は、地球の人口は、一五億、しかし、この時点で既に機械が作り出す労働力は六〇億人分に達していました。

今後、一〇人のうち九人分は機械がやってしまう時代が来るのです。

そのときは、一〇人が働きたいと思っても働き口はせいぜい一人分しかありません。

労働の成果を報酬として与える制度では、雇用問題は破綻するしかないのです。

二〇世紀初頭から、現在を見通していたとしか思えないシュタイナーの慧眼には敬服するしかありませんが、さらに驚くことに、シュタイナーは解決法まで示しているのです。その解決法が、他ならぬ、労働と経済活動との癒着を解き放つベーシック・インカムになるのです。

端的にいえば、ベーシック・インカムとは、全ての人に無条件に給付される基本所得のことであり、働いている人は、インカムに加えて今まで通りの給料がもらえるというシステムなのです。

高橋巖氏によれば、その財源についてシュタイナーは、消費税一本に絞るように説いています。

持っているだけのお金は、可能性はあるものの、現実の力にはなっていません。お金は使う時に現実的な力となり社会の役に立つのです。

ですから、消費税を払うという行為は、現実的な商品やサービスを手に入れるだけでなく、社会との一体感を感じさせ、社会感覚を育ててくれる営みであるともいえるのです。

そして、お金を使う人ほど社会に役立ってくれている人と評価されることになります。なにより脱税もなくなるのです。

また、税金を、払いたくなければ買わないという選択肢もあります。

その一方、所得税は、働けば働くほど税金を取られます。所得税も相続税も、面倒な手続きを要し、反社会的な感覚を育てることもあります。

そもそも、ベーシック・インカムが導入されれば、税務署は仕事が一切なくなります。税収を調べることも、国民の区別をする必要もなくなるからです。

人々は、強制的な労働に従事しなくても良くなるので、時間に余裕ができます。すなわち、自分の自由度が試されることにもなるのです。

シュタイナーの考える人間の究極の目標は「自由」であることです。

シュタイナー教育も、いかに自分の中から新しいものを生み出すか、に主眼を置いています。

この能動的な活動をシュタイナーは「自由」と呼んでいるのです。

先ほど、メディアからの煽りやさまざまな呪縛から解き放たれた「自由な感性」、アセンションした次元から俯瞰する視点が、今の混沌を収束させると述べましたが、シュタイナーも誰からも束縛されることのない「自由」をこの上もなく尊重しているのです。

「自由な感性」は、外の出来事だけではなく、私たちの内に潜む在りのままの「自由な個性」をも認識します。第二章で言及した一人一人異なる立ち位置も「自由な個性」の一つの顕れと言えるでしょう。そして、私たちが本来持っているはずのこの「自由な個性」が、この先の社会を構築するためには不可欠なのです。

一人一人異なる多様性に富んだ「自由な個性」をお互いに尊重し合い調和させることが、豊かで温かい社会の創設につながります。

シュタイナーが唱える望ましい社会では、「自由」、そして「愛」に基づく行為が社会の幸福を生み出します。そして、人間の究極の目標である「自由」についての教育を、毎日受けることになるのです。

「自由」な心を育むには、自立した心が必要です。ですから、「自由」の反対は受け身になります。自由に判断することが苦手な受け身の人は、強制的労働の方が良かったと思えるかもしれません。

シュタイナー教育の目標も、子どもたちの自由な発想や判断力を引き伸ばすことです。シュタイナーの考える社会制度とシュタイナー教育が目指す方向性が、「自由」というキーワードで見事に結びつくことに私は感動を禁じ得ません。

社会における労働とは、生活の糧となる金銭を得るだけではなく、奉仕の精神、遵法精神を育み、全人的な成長につながる、と説くシュタイナーの思想は、日本人には理解されやすいのではないでしょうか。

日本人は、いにしえより大切にしてきたはずの仕事の喜びについて、再度考え直す時期を迎えたようです。お金への執着からも今少し自由になる必要があるでしょう。

日米合同委員会で縛られる官僚や政治家たちも、金銭への欲望と命を取られるかもしれないとの恐れが、正常な判断を奪ってしまっている面もあることでしょう。

政権が交代しようと、状況は改善しません。金に弱く、死への恐怖を抱く者は、簡単に支配されてしまうからです。

しかし、霊性に目覚め、生命の本質や生きる意味を理解することができれば、この世における富や名声の呪縛からも、命をとられるという恐怖からも解放されていくはずです。

さらに言えば、アメリカが破産し、世界を支配してきた経済体制が崩壊すれば、世界が変わる千載一遇の機会が訪れるのです。

新しいシステムを創り上げる過程においては、食や物資がうまく回らなくなり塗炭の苦しみを味わうことになるかもしれません。

しかし、お金で人を支配し、お金で自由を奪われるようなこれまでの経済システムは、通用しなくなるのです。

これからは、お金にもアメリカにも支配されない社会が実現していくかもしれない、そう信じることができれば、私たち日本人なら、希望を胸に苦難を乗り越え、新しい社会への道を拓くことができるはずです。そのときは、日本人の生き方が世界の手本となるのです。

「奪い合い競い合う」社会から、「助け合い与え合う」社会を実現させていくことで、地球も人類も次元の上昇を果たすのです。

西郷隆盛を師と仰ぐ旧庄内藩士らが西郷の言葉を書き残した『西郷南洲遺訓』には、「人を相手にせず、天を相手にせよ。天を相手にして、己を尽くし人を咎めず、我が誠の足らざるを尋ぬべし」との教えがあります。

目の前の出来事に捉われ、心を乱すことなく、意識を天に向けること、つまりはグレイト・スピリットを心から信頼すること、そして、常に私利私欲がないか、誠意を周りに尽くしているかを自らの心に問いかけること、西郷の残したこの教えが、霊性に目覚めつつあるこの時代に、胸に深く染み込んできます。

これからは、グレイト・スピリットの愛の顕現である大自然に感謝を捧げ、愛を尊重し、すべての存在が繋がり合った宇宙の大調和を目指す生き方が求められてきます。このような態度は、日本人が最も得意としてきたはずです。私たち日本人が、失っていた本来の生き方や考え方を取り戻すことが、新たな社会を築くためには是非とも必要なのです。

八紘一宇《はっこういちう》とは

先出のモルデカイ・モーゼ氏によれば、国際銀行家は、第二次世界大戦において、ヨーロッパのかつての王国に謀ったように、日本の国体の象徴である皇室制度の破壊を目指していました。

原爆搭載機の名称「エノラ・ゲイ」は、中・東欧のユダヤ人が用いていた言語イディッシュ語であり、モーゼ氏は、その意味が「天皇を屠《ほふ》れ（切り殺せ）」であったことを明らかにしています。

心の底から戦慄を覚える話ですが、物理学者の保江邦夫氏は、著書『祈りが護る國アラヒトガミの霊力をふたたび』の中で、エノラ・ゲイは本当は東京に向かっていたと語っており、このエピソードが現実味を帯びて感じられてきます。保江氏によれば、昭和天皇の祈りにより、ぎりぎりのところで東京への原爆投下は回避されました。被爆者やご遺族のお気持ちを思えば、言葉は慎重に選ばざるを得ませんが、広島と長崎の尊い犠牲により、日本の皇室制度は守られたのです。

モーゼ氏はさらに、皇室制度について日本人が知っておかねばならぬ重要な事実を教えてくれています。

西洋においては、ユダヤ人が指摘するように、たしかに君主は、大衆から収奪した莫大な財産を持っていました。

このような君主は、いざ革命、戦争、政変があれば、直ちに自己の生命の保証と財産の保全を求めて亡命を計るのを常とします。

しかし、戦後、天皇陛下は、マッカーサーとの会談において、開口一番、自己の生命や財産の保証ではなく、国民の財産や生命の保証を求めました。

この一言は、WGIPに基づき日本獣化計画を推し進めたあのマッカーサーを驚愕させたのです。

それはなぜなのでしょうか。

かのルソーは、次のようなことを述べています。

「我もし随意に祖国を選べといわれれば君主と国民との間に利害関係の対立のない国を選ぶ。

しかし現実にそのような国があろうはずもないから、止むを得ずその代替物として民主主義を選ぶ」

つまり、それほどまでにヨーロッパの王朝では、常に君主と国民の利害が対立してきたのです。しかし、日本の皇室制度には利害関係の対立はありません。この事実が、マッカーサーを驚かせたのです。

そもそもルソーが次善とする民主主義自体、その本質は大きな声の人が勝つシステムです。協調をよしとする人の意見が尊重されることなどほとんどないのです。

また、選挙制度こそが民主主義と言われてきましたが、いかがでしょう。メディアがもてはやす候補は偏り、また少なからぬ候補者は世襲であり、じつは国民の選択肢は決して多くはないのです。なにより高い報酬と特権を享受してきた議員やその直系が、果たして現政治体制の問題点をまともに審議することなどできるのでしょうか。

民主主義には、明らかな限界があるのです。

その一方において、仁徳天皇の「民のかまどに立つ煙」の故事を出すまでもなく、日本の皇室制度には、君民共助の姿がうかがえるのではないでしょうか。

モーゼ氏は、自戒をこめて、皇室制度を、君民共治の完璧な見本と称えています。

非情なタルムードの教えの真逆にあるのが「日本書紀」の一説です。

「八紘《あめのした》を掩《おお》ひて宇《いえ》にせむ」、つまり、全世界を一つに結び合わせるという「八紘一宇」の精神です。この言葉には、本書で繰り返し述べてきた宇宙の大調和の本質が示されているのです。

今は排他的国粋主義の象徴のように扱われていますが、この言葉の本来の意味を私たちは知っておく必要があるのではないでしょうか。このスローガンのもとに実行された作戦が、第二次世界大戦におけるアジアの国々の解放につながったのです。

日本の君民共治は、とにもかくにも戦争に踏みつぶされることなく残されました。それでも、戦後の荒波の中で、多くの国民が皇室制度の意義を忘れ去っていくことにはなるのですが、君主と国民が愛と信頼によって結ばれる皇室制度は、間違いなく私たちが世界に誇りうる日本の伝統的な社会制度なのです。

この事実を私たちは、感謝と共にしっかりと胸に刻み込んでおく必要があります。

令和に入り、さらに天皇陛下の力が高まったといわれます。日本人が、隠されてきた皇室制度の持つ意味について改めて見直してみる絶好の機会とは言えないでしょうか。

第六章　日本人の神力が世界を変える

～二〇二〇年は弥勒《みろく》の世の幕開け～

長崎・福島からの光

除草剤ラウンドアップを巡る問題は、大きな転機を迎えていますが、日本を取り巻く環境と食の汚染はいまだに深刻です。農薬に限らず、遺伝子組み換え食品、食品添加物、放射能の広がりもまったく終息がみえません。

しかし、闇が広がれば光も広がる、これこそが陰陽論の極意です。絶望的な状況にあるからこそ気づけることもあるのです。

じつは、こんな時代を見越していたかのように、先人は大きなヒントを残してくれています。

拙著『日本の目覚めは世界の夜明け』でも詳細にご紹介しましたが、京都帝大を卒業された秋月辰一郎博士とその医療スタッフは皆、長崎原爆の爆心地から一・八キロほどの距離で被爆しながら、入院患者さんを含め、誰一人として原爆症を発症しませんでした。

秋月博士は、戦前の放射線科での臨床経験と被爆を生き延びた体験から、天然塩、ミネラル、微生物、発酵食品、玄米食が、被爆後の致命的な放射能障害の予防に有用であったと結論づけ、戦後、臨床研究として、著書『長崎原爆記』にまとめられています。

この著書は翻訳され、世界を駆け巡ります。そして、巡りめぐって伊勢二見浦《ふたみがうら》にある旅館岩戸館でつくられる「岩戸の塩」がチェルノブイリに送られることとなり、白血病の患者の体温を上げることが確認されたのです。

ポーランドの新聞でこの事実を知ったEUのトゥスク議長は、伊勢志摩サミットの後に、この塩を求め岩戸館を訪問しています。なんとも驚くべき展開ではありませんか。

「岩戸の塩」だけではありません。

今、福島から世界に向け、浄化の光が広がろうとしています。その主役は、長崎原爆から秋月博士たちの健康を守った微生物です。

福島の教訓は忘れさられようとしているかのようですが、そんなことはありません。じつは、放射能汚染という現実を受け入れ、それをチャンスに変え、大きな成果を出している方たちがいるのです。

白鳥哲監督は、映画「蘇生」において、乳酸菌、酵母菌、光合成細菌などを含む有用微生物群が、放射能除染や東南アジアの国々の有害廃棄物処理において、驚くべき成果をもたらしていることを取り上げています。

続く「蘇生Ⅱ　愛と微生物」では、内容がさらにグレードアップされ、有用微生物群が放射能除染のみならず、農作物の発育の力を高め、さらには周囲の環境をも格段に改善させることが紹介されています。

有用微生物群の散布により水質も浄化され、清流にしか住めないイワナ、モリアオガエル、オオサンショウウオも、福島に戻ってきています。

津波により海水を含んだヘドロが堆積し、絶望視された農地も、微生物を使った土壌改善が功を奏し、翌年にはたくさんの稲が実りました。土壌には海水に含まれていた塩は残っていません。微生物が原子転換によりナトリウムをカリウムやマグネシウムに変換し、養分として作物に吸収されたと考えられています。

また、海水に浸かったプラスティックも、無煙炭化器と微生物で処理することにより、土地浄化作用のある炭になることもわかりました。

不思議なことに、有用微生物群や炭により整えられた土地は、結界が張られたように、害獣が避けて通るようになるそうです。猪の足跡が、その手前で方向転換する様子が映像で伝えられています。

有用微生物群は、ベラルーシや韓国の国立研究所や大学でも熱心に研究されています。特許申請をしていないため、韓国では、有用微生物群が無料で住民に配布されている街もあります。

しかしながら、有用微生物群は日本においては、まったく評価されていません。にもかかわらず、有用微生物群による除染は、明らかな効果を有することが確認され、今福島のほぼ全域で広く使用されるようになっています。

信じられないかもしれませんが、放射能汚染された土地が、いま、浄化の最前線になっているのです。

福島発の地球蘇生への希望の光が、日本を飛び越え、世界へと広がりつつある、この事実に私は深い感動を覚えます。

「放射能もパワー、大地の第二の太陽である。方向を変えればエネルギーとなる。地球は必ず蘇生する！」

有用微生物群の開発者である比嘉照夫琉球大学名誉教授のこの言葉に、私は未来への大きな希望を感じます。

すべてこの世に起こることは魂の成長と進化のためであり、無駄なことは一つもないのです。私は、善と悪を超えた大いなる宇宙の計らいの奥深さに畏敬の念を感じざるを得ません。

ひょっとしたら日本が今、未曾有の汚染にさらされている状況は、宇宙の壮大な計画の一環であるのかもしれません。

この危機を克服するためのヒントは、先人が日本人に示してくれています。ここまで日本の国土が汚染され、追い詰められなければ、恐らくは、少なからぬ人は、秋月博士や比嘉博士による福音を一顧だにしなかったことでしょう。この先は、私たちが、いかに気づくかにかかっているのです。

アメリカ先住民は、地球は親から譲られたものではなく、子孫から借りたものと考えます。私たちは、今こそ地球を守り、美しい姿で子どもや孫に返す決意を新たにしなければならないのです。

この世に起こることは全てが宇宙の采配によります。いかなる事象であれ、どれもが必然であり、見事なまでに完璧に整えられています。

no rain, no rainbow
雨が降るから虹がかかる、
苦難があるからこそ、人生はさらに輝き、魂が磨き上げられるのです。
宇宙を司る偉大なる意志に、感謝を捧げたいと思います。

アメリカ先住民の叡智が蘇る
～地球のケア・テイカー～

北アメリカにおける西部開拓時代、先住民たちの霊性に根差した文化は、白人たちの情け容赦ない迫害に遭い、絶滅の危機に追い込まれました。しかし、このまま滅び去るかに見えた先住民の伝統が、現代のアメリカ社会でじつに鮮やかに蘇りつつあるのです。

アパッチ・インディアンの古老であるストーキング・ウルフから、アメリカ先住民に古代より脈々と伝えられる叡智を授かった白人トム・ブラウン・ジュニアは、その経験を著書『グランドファーザー』にまとめています。

この本には、大自然に感謝を捧げ、大地と調和しながら生活してきたアメリカ先住民たちの高潔な考え方、生き方が、白人の振る舞いと対比させることにより鮮明に描かれています。

「弓にする材料が必要なとき、白人はすぐ出かけていって、いちばんいい真っ直ぐな若木を切ってしまう。それが大地にどんな影響を及ぼすか、未来のために何を残すか、ほとんど考えない。

白人にとっては自然は自分のためにあるもので、どのように使おうと勝手なのだ。土地も、水も、動物も、植物もどうなろうと構わない。自分の必要を満たすだけで、未来の世代のことも、自然全体のことも考えない。

白人にとってのサバイバルは、自分自身と自然との戦いなのだ。自分が創造の法則の上に立ち、土地を支配できると思っている。このようなサバイバルは大地を破壊してきたし、未来にも禍《わざわい》を残す。白人のこうした考え方は、地球全体のあらゆる社会に受けつがれてしまった。子どもを養うために自分たちの子孫を殺すような社会だ。」

一方、先住民は、弓のための若木を探すのは、どうしても必要なときだけです。先住民たちにとっては、ただ木を切るという簡単なことではありません。兄弟の命をもらうのだから、材料集めの前に、断食と祈りの期間を設けるのです。

このような風習は、「形あるものは皆仲間であり、上下関係はない、助け合ってこの地球で生きていかなければならない。」とシュタイナーが語る万物との調和を目指した生き方そのものといえます。

しかも、彼らは、一本だけ真っ直ぐに高く伸びている若木を選んだりすることはありません。若木が密生して、競い合っているところを探します。

なぜなら、互いに土と日光を求めて競いあえば、何年かのうちには、多くが枯れたり傷つくのを知っているからです。

放っておいても森は強く丈夫にはならないのです。このような自然の法則を知っている先住民たちは、若木が密生する木立の中から、長いものではなく、もうすぐ枯れるか、他の若木に押し出されてしまうようなものを探し出します。

もし見つけたら、その若木を切るのはその土地のためにもよいことかと自問します。よいなら、この木を切ることで、子供や子孫に何を残してやれるのか、強くて健康な森になるのだろうか？と自問を繰り返します。

こうした問いかけに肯定的な答えが返ってきたらやっと若木を切るのです。もちろん、感謝の祈りも忘れてはなりません。

これが地球の世話人（ケア・テイカー）としての人間の取るべき態度であり、自然がより美しく、強く、早く成長するのを助けることになります。自然にまかせれば何年もかかることが、短い時間でやりとげられるからです。

人間は、造物主の指示により、自然を破壊するのではなく、助け、育て、世話をするために地球にいるのです。

ケア・テイカーになるためには、自然の恵みをどう受け取るか、現在と遠い将来にどのような結果をもたらすかによって決まります。

人間は大地のものであり、大地は人間のもの、人間と自然のあいだには、均衡と調和が保たれていなければなりません。

しかし、この均衡と調和を白人は理解しようとはしません。奪うばかりで決して返さない、今を生き延びることしか考えないから大地がどうなろうとかまわない、白人は、未来の世代のことも、自分たちの強欲が大地にどんな結果をもたらすかもほとんど考えていない、と先住民たちは考えているのです。

地球は親から譲られたものではない、子孫から借りたものなのです。日本人は、本来先住民たちのこの深い智慧を理解していたはずです。

しかし、現在はどうでしょう。自然との調和を蔑《ないがし》ろにするかつての白人そのもののように行動しているのではないでしょうか。その結果として、殺生の刃は、弱い生物のみならず、ときとして人間そのものにも襲い掛かります。

二〇一六年七月、神奈川県立の障害者施設で起こった身の毛もよだつような大量殺傷事件は、いまだ記憶に新しいところです。犯人の語った「意思疎通のできない人間は生きる価値がない」との動機には戦慄を禁じ得ません。ここまで人間の心は破壊されてしまったのです。

アメリカ先住民なら、なんと言うでしょう。

全ての存在は、大いなる地球の循環の中で生かされています。障害を持っていても、他の人と同じように感情があります。生きているということだけで、充分に価値のあることであり、壮大なる地球の生命活動に関わっているのです。たとえば、地球の中で呼吸を繰り返すだけでも、二酸化炭素を出して植物とエネルギー交換を行い、地球の偉大なる恒常性の一端を担っていることになります。地球には、生きる価値のない存在などいるはずがないのです。

なによりも、障害のある人たちが生きやすい社会を目指せば、必ずや健常者にもより優しい社会が出来上がっていくに違いありません。人としてごく当たり前の思いやりさえもが、私たちの社会からは失われようとしているのです。

大地と一体である先住民にとっては、砂漠や密林奥地の過酷な環境で直面する渇きや苦痛でさえも、死を意味するものではありません。

生き抜く術を学ぶための自然からの教えであり、贈り物と彼らは考えるのです。渇きや苦痛は、生き延びるために必要な肉体的、精神的な感覚を研ぎ澄ましてくれるからです。過酷な環境でさえも、先住民にとっては、あくまでも全体、ワンネスの一部に過ぎず、宇宙の不可欠な要素になるのです。

暑さや渇きを全体の一部として受け入れると、暑さも渇きも威力を失い、もはや敵ではなくなります。それどころか、渇きのおかげで命というものがより深く理解できるようになるのであり、そのように考えれば、渇きは人を苦しめるものではなく、恵みにかわります。

そのようにして、彼らは、生き延びるための技術や智慧を学んできました。

白人は数も多く、武器の威力でも優っていましたが、大地に生きる能力は著しく劣り、大地を恐れていました。

だからこそ、大地を敵として捉え、支配や文明化の対象としたのです。

グランドファーザー、ことストーキング・ウルフにとっては、白人たちの生活様式には、真実があるとは思えませんでした。

彼の目に映ったのは、富や名声や権力を追い求め、そのために全てを破壊する文化だったのです。

言い換えれば、子供を養うために子孫を殺して、現在の物質的な満足と便利さのために未来を失い、結局は大地を滅ぼす結果を生む刹那的な文化です。

グランドファーザーは、自らの教え子たちが、次々と白人社会からの迫害にあい、挫け、失意の日々を送るのを見るにつけ、絶望感にとらわれます。

先住民は、未開で野蛮な民族として扱われ、その伝統的な教えや文化を奪われました。それればかりか、白人たちは、甘言を弄《ろう》して、豊かな土地から追いはらい、荒れ果てた荒野を先住民に保留地として与えました。家族は引き裂かれ、保留地では、残虐な罰が頻繁に加えられました。

先住民としての尊厳も伝統も、全て破壊され奪われました。祈ることも許されず、先住民は、恐怖におののいて暮らすようになりました。

大地とともに暮らしていた人々は、希望も失い、お互いに不信感を抱くようになり、ついには高邁な精神共々一掃されようとしていたのです。

年老いたグランドファーザーの命も、先住民の命運も、深い絶望とともに朽ち果てようとしたまさにその時、精霊の導きにより、彼は、白人の継承者、トム・ブラウンと出会わされました。

そして、霊的な資質にあふれた先住民たちが、祖先から受け継いできた生きるための叡智と技術を、トムにすべて伝え始めることにしたのです。

サバイバルの技術や大地の哲学を磨き上げたトムは、驚いたことに、行方不明者や犯罪者をその足跡だけで捜し出しました。

そして警察が発見できなかった六百人以上の行方不明者を見つけ、数多くの凶悪事件を解決しました。その活躍ぶりや生涯については、ＣＮＮなど全国ネットのテレビ番組で紹介されています。

さらに、トムは、グランドファーザーから学んだことを教え続けました。彼のスクールには、アメリカのみならず、カナダ、オーストラリア、イギリス、ドイツ、スイス、オランダ、オーストリア、そして韓国や日本からもたくさんの人々が集まるようになりました。

トムは、多くの警察官も指導しました。

また、麻薬によって心身ともに病んだり、目的を見失って社会のならず者とレッテルを貼られてきた若者たちを、自然の中で再教育することにより、絶望の淵から救ってきました。

滅びようとしていた先住民の尊い文化が広く認められ、その精神が絶望の淵から、なんとも感動的に復活したのです。

縄文以来の伝統を忘れ、白人のような振る舞いをしてきた日本人にとっても、全く他人ごとではありません。

トムのかけがえのない体験を知ることは、日本人にとっては、自らの文化を見直す貴重な機会になることでしょう。

今、日本の国にも、グランドファーザーを導き、トムに出会わせてくれたような精霊たちが活発に動き始めていることを私は感じています。

愛のホルモン　オキシトシンの科学

この先の時代、霊性を尊重する生き方が広まり、愛と調和に溢れる社会が到来するのであれば、医療の世界にも愛が広く受け入れられることは間違いないでしょう。医療に愛、と言われても、ピンとこないかもしれませんが、実を言えば、すでに、その予兆は見え始めているのです。

というのも、最新の科学的研究により、愛するという行為が、健康に深く寄与することが明らかになったからです。さらには、愛されるよりも愛することが健康に繋がるということもわかりました。愛されるよりも、まずは愛すること、このような生き方が、世の中に平和をもたらすだけではなく、自らの健康をも作りあげることが科学的に証明されたのです。

二〇一九年一一月、消化器病系の学会では最大となる第二七回日本消化器関連学会週間が、神戸コンベンションセンターにおいて開かれ、学会三日目となる一一月二三日に、ウィスコンシン医科大学名誉教授・高橋徳 博士による特別講演「愛の生理学　～視床下部オキシトシンと愛～」が開かれました。

高橋博士は、長年アメリカで続けられた科学的研究をもとに、数々の著書を通じ祈りや愛が健康に貢献することを提唱されてきました。今回ついに、その学説が、新進気鋭の医師が多く集まる重要な学会の場で、しかもメインホールとなる第一会場において披露されたのです。

私自身会場に駆けつけましたが、多数の医師が、講演に聞き入る様子を目の当たりにして、湧き上がる興奮を抑えることができませんでした。

高橋博士は、この講演のなかで、以下のような研究成果を発表されています。

世話好きのマウスは、世話嫌いなマウスと比べると、視床下部のオキシトシンの量は倍ほども違う。

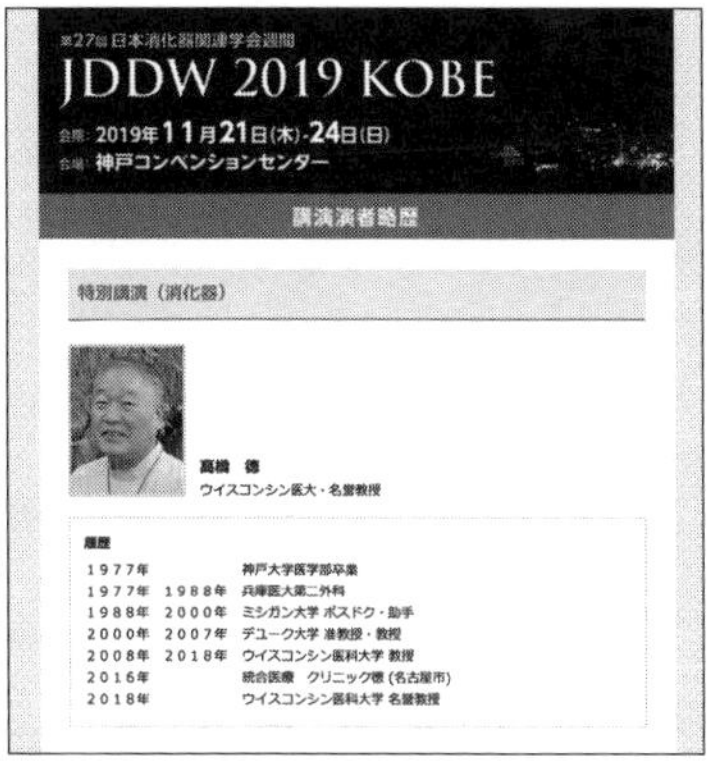

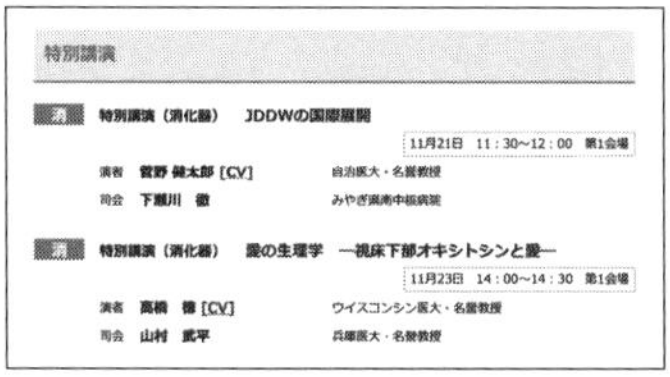

ストレスを与えたマウスにオキシトシンを与えると、ストレス反応が軽減される。

利他と感謝の瞑想の後では、唾液中のオキシトシンが増える。瞑想により無我の境地に至ると、ｆＭＲＩ（機能的核磁気共鳴断層画像）により、自己と他者を区別する上頭頂部の活性が落ちることが確認された。

つまり、この瞑想により、自己と他者の区別が曖昧になり、博愛、慈悲の心が呼び覚まされることが明らかとなった。

しかも、その変化は、オキシトシンとの関連が深い。

これらのデータは、愛情とオキシトシンの関連を裏付ける世界初のデータとして英文の学術雑誌にも採択されています。

オキシトシンは、抗ストレス、抗うつ、抗不安作用があり、痛みを抑え、自律神経を調整作用し、社交性、愛着、信頼の感情を呼び起こします。

ですから、身近な人であれ、嫌いな人であれ、ひたすら愛し、幸せを祈ると、慢性の痛み、怒りの感情を軽減させることができるのです。その祈りを身体に伝えるのはオキシトシンに他なりません。

このような研究成果に裏付けされた高橋博士の提言が、会場に力強く響きます。

「まずは、愛されることよりも愛することです。

それ故に、社交性のある人は病気にかかりにくい、ボランティアを行う人は健康になるのです。愛されるよりも愛することが健康に繋がります。」

高橋博士はじめ、さまざまな研究者たちの活躍により、今や、東洋発祥の慈悲の瞑想（LKM loving kindness meditation）が、Google《グーグル》社などの大企業をはじめ、米国内で広く受け入れられるようになりました。

この日、科学的なデータをもとに高橋徳先生が話された内容は説得力に富んでおり、これまで「愛」に関わる研究などとは縁がなかった医師たちの心にも深く響いたことでしょう。

この講演が契機となり、心の在り方と身体との関わりについて目を向ける医師が増えることを私は願っています。

神力と学力

「今度の戦は神力と学力の止《とど》めの戦いぞ。神力が九分九厘まで負けたようになったときに、誠の神力出してぐるんと引っ繰り返して神の世にして、日本の天子様が世界丸めて知ろしめす世といたして、天地神々様にお目に掛けるぞ。天子様の光が世界の隅々まで行き渡る仕組が、三四五《みよいず》の仕組ぞ。岩戸開きぞ。」

（一二三神示　第二巻　下つ巻　第二十帖）

「神力」とは、宇宙の根源から広大な宇宙の隅々にまで行き渡る「神」のエネルギーと直接繋がる力です。

人間の意識は、超心理学的には、顕在意識、潜在意識、超意識と三層に分かれますが、「神」と交信し、エネルギーを受け取る領域は超意識です。

普段私たちは超意識と繋がる「神力」も「神」も意識することはありませんが、「神」

の愛そのもののエネルギーを直接受けるだけに「神力」には凄まじい力があります。

作家の美内すずえ氏は、作品『アマテラス』のなかで、神力は、魂の感動を持って心を動かし、すべての人の心を愛で満たすことができる力である、と語っています。

「神力」の本質を突いた見事な表現であると思います。超能力も一見奇跡と見えることを簡単にやってのけ人を驚かすことはできますが、「神力」と異なり、目に見える物を動かすにすぎません。愛が介在することもありません。

「神力」を介在するのが超意識なら、「学力」に関わるのは、ふだん頭の中に湧き上がる考え、つまり顕在意識に基づいた思考です。

「学力」は、知性や理性を司りますが、受験競争での勝利を齎《もたら》し、人生をうまく生きる術《すべ》を与えてくれても、なぜ生きるのかといったような人生の深い課題に迫ることはできません。

私たちが普段意識できない潜在意識から超意識を震わせ、「神力」を呼び覚ます力を持つものは、美内氏も語るように、じつは「感動」です。

人生を豊かにし、人生を生きる真の喜びを教えてくれるのは、学力や知識・理性ではなく「感動」なのです。

たとえば、桜島の噴煙を見て、ある人は、口をぽかんとあけて「すっげえなあ……」と眺めつづけるかもしれません。その一方で「あの噴煙には、二酸化硫黄が何パーセントで……」などと本で読んだ知識を得意気に話す人もいるでしょう。

桜島の豪快な噴煙を間近で見たという衝撃を、生きる力に昇華させられる人は、じつは、前者の人たちです。人の心を動かし、人生を根本的に変えてしまうほどの力があるものは、「感動」なのです。「感動」こそが「神力」を呼び覚ますのです。

かのアインシュタインは、

「私たちが、最も美しく最も深遠な感動を経験するのは、神秘的なものを感受したとき、これこそがすべての真の科学の原動力である。」

との言葉を残しています。

また、ノーベル賞を受賞された山中伸弥博士は、益川敏英博士との対談の中で、

「感動できるというのが、研究者に必要な才能だと思います。」

と語っています。

知性は科学と関係が深いと思われがちですが、しかし、科学者を代表する二人が口を揃え、科学を進歩させる原動力は、「感動」であると述べているのです。「感動」は、潜在意識の奥の超意識と共鳴し、「神力」を呼び起こします。この「神力」や後述する「魂の直観」が、宇宙の叡智にアクセスし、画期的な科学的研究を可能にしたに違いありません。

潜在意識・超意識が大切にする感情は、自分が心の底から「感動」できるかどうかです。自分が本当にやりたいことかどうか、自らの魂が躍動するような喜びを得られるかどうか、という基準で自分の行動を選ぶことができれば、潜在意識・超意識が共鳴し、「神力」を呼び込むのです。

その一方において、顕在意識が関わる「知性・理性」が大切にするものは、世間的な常識や知識です。正しいか正しくないか、常識的かそうではないか、などという観点から自分の行動を判断します。このような行動が「神力」を呼び込むことはまずありません。

ですから、行動を選ぶときには、常識ではなく、魂が震えるような喜びに従って選ぶことが大切になります。自らのモチベーションも高まる上に、「神力」という宇宙からの偉大なサポートを呼び寄せることがあるからです。

最近は、若くしてすでに「神力」とともに生きる日本人が数多く出現しているようです。

プロ野球やメジャーリーグで二刀流など成功するわけがない、これは「知性・理性」が導く常識に沿った結論です。

しかし、かの大谷翔平選手が優先したものは、常識ではなく、二刀流を最高の舞台で極めたいという純粋なアスリートとしての願いでした。

彼にとって尊重すべきはお金ではありませんでした。だからこそ、年齢の規定により給料が安く抑えられてしまう時期にもかかわらず、一年でも早くアメリカで二刀流に挑戦する道を選んだのです。

大谷選手は、意識しないままに自らの潜在意識、超意識に繋がり、おそらくは魂の底からの強い願望を優先させて行動を選んだに違いありません。

自分の心の奥を真摯に見つめ、自分が本当に実現させたい望みを尊重し、「魂の直観」に従う生き方は、「感動」と同様に、「神力」を呼び込み、宇宙からのサポートが降り注ぎます。そして、自らの身体も全身全霊で願いが実現するように一斉に動き始めます。

このような時に、人間は爆発的な力を発揮するのです。

最近活躍が目覚ましい若者たちの多くは、「魂の直観」に従って行動を選んでいるように私には思えます。

「魂の直観」に従って活動する人たちはみな、共通して恐れがありません。また心のどこかに成功するという確信があるかのように落ち着いており、若くして老成したかのような風格さえあります。そして何より幸せそうにみえるのです。

従来の常識が通用しなくなってきている世の中で、大谷選手のような常識を超える新しい発想を携えた有能な若者が出てくることはなんと頼もしいことでしょうか。

人が正しいというから、それが常識だから、利益になるから、という理由ではなく、自分がやりたいことを優先させる若者たちが登場してきたのは、日本社会が成熟した証しとも言えるでしょう。

このような若者たちにこそ、「神力」の威光が射し込んでくるのです。

「神力」に繋がる潜在意識の方が、顕在意識よりも人生に与える影響は格段に大きいことは、ジョセフ・マーフィーやナポレオン・ヒルなど著名な著述家も明言しています。

世の中は、顕在意識が考える通りにではなく、潜在意識の願い通りに動いていきます。よく言われることですが、「お金が欲しい」と顕在意識で願っても、お金は手に入りません。それはお金が足りないという意識が潜在意識の奥底まで刷り込まれているからです。潜在意識にあるこのような思い込みに従って、現実の生活では、お金が足りない状態が続くのです。

しかし、そのお金で、何をしたいのか、何が自分の本当の願いなのかを具体的に考えること、そして、その願いが、魂を躍動させるような喜びを生み出すなら、しかも周りの人も幸せにできることなら、潜在意識が活性化され、「神力」が働きだして宇宙からのサポートが入り、お金を手に入れることができます。

神示は、最後に勝つのは「神力」といっています。

今後とも世界には様々な難問が山積みです。しかし、素直な現代の若者たちの「魂の直観」、さらには「神力」が、この先、世界に数多《あまた》の奇跡を呼び込むのであろうことは間違いないでしょう。私の心は若者たちへの期待でいっぱいです。

新たな未来を築くのは、これまでの慣習にとらわれることなく、自分が今生で成し遂げたいという魂の願いのままに突っ走ることのできる若い才能です。このような若者を助ける、少なくとも邪魔せずに見守ることが、私たち世代に課せられた責務ではないかと考えるのです。

メディアは日本人の自信を失わせるような報道ばかりですが、私は、日本の明るい未来を信じています。

「外国から攻めてきて日本の国丸潰《まるつぶ》れというところで、元の神の神力出して世を建てるから、臣民の心も同じぞ。」

（一二三神示　第一巻　上つ巻　第二十一帖）

ここには、日本が辿る過酷な運命とその後の復活が示されており、一二三神示の大元である日月神示を伝える国常立尊は、私たち日本国民が日本人としての覚悟を持つよう強く促しています。

日本人が目覚め、存分に「神力」を発揮することを期待しているのです。私たちは、この激しい叱咤と期待に、今こそ応えていかなければなりません。

今年は時代大変換の節目

二〇二〇年、令和二年、本年は西暦でも元号でも二が並びます。二は、知性、協調性の象徴とも言われます。これまで対立し、争い合ってきた価値観を統合する時期が、今まさに到来したのです。

「あら楽し、あなさやけ、
元津御神《もとつみかみ》の御光《おひかり》の
輝く御世《みよ》ぞ近付けり。
岩戸開けたり、野も山も
草の片葉《かきは》も言止《ことや》めて、

大御光に寄り集う。
誠の御世ぞ、楽しけれ。

今一苦労二苦労、
とことん苦労あるけれど、
楽しき苦労ぞ、目出度《めでた》けれ。

申《さる》、酉《とり》過ぎて戌《いぬ》の年、
亥《い》の年、子《ね》の年目出度《めでた》けれ。

一二三の裏の御用する身魂《みたま》も
今に引き寄せるから、その覚悟せよ。
覚悟よいか。

待ちに待ちにし秋来たぞ。」

（一二三神示　第一二巻　夜明けの巻　第十二帖）

この詩では、珍しく明るい未来が謳われています。それだけに、「申、酉、戌、亥、子」が、いったいどの年代を指す干支《えと》なのかが神典研究家たちの間で議論されてきました。

しかし、光透波理論研究家の宿谷直晃氏によれば、最近、この「子の年」が示す年代が判明したと言います。

ここで言う「子の年」とは、ずばり二〇二〇年の今年です。二という協調性に象徴される今年が、神示が「目出度けれ」と予言する年に当たるのです。

なぜそんなことが言えるのでしょうか。

「子《ね》の年真中にして、前後十年が正念場。世の建替えは水と火とだぞ。」

（一二三神示　第八巻　岩戸の巻 第十六帖）

ここでは、「子の年」を真ん中にして前後一〇年が正念場、と語られています。「子の年」の前後一〇年、と期間が限定されると、ひとつの流れがはっきりと見えてきます。二〇二〇年の一〇年前と言えば、あの東日本大震災が起こった二〇一一年に当たるからです。大災害を経験した日本人は、この年からすでに意識変容を遂げ始めているのです。

東日本大震災の過酷な体験を経て、人はいつどこで命を失うかわからないという、人生においては厳しくも当然の摂理を、日本人は今さらのように思い知らされました。

死を間近に感じさせられた体験をきっかけとして、私たちの意識が大きく変貌し始めたことは間違いありません。そして、単に外面的なモノや金を求める生き方から距離を置き、なぜ生きるのか、どう生きたらよいのか、というもっと内面的で根源的な問いかけと向き合う人が俄然増えてきたのです。

死と直面しながらも、ナチスの強制収容所での過酷な日々を生き抜き、名作『夜と霧』を著した精神科医、ヴィクトール・フランクル博士は、地位も名誉もある成功者が、ときに「自分は何者で、人生の目的は何か」という内面的で根源的な問題に真剣に悩み始めることを発見し、「実存的危機」と称しました。

ソニーでCDやAIBOの開発を主導した天外伺朗氏は、この「実存的危機」が、そのまま「実存的変容」につながると語ります。

周囲との比較やエゴに駆られるままに、社会的地位や名誉、収入など外面的なものを追い求めていた人生から、より根源的な内面の追求に切り替わることが「実存的変容」です。

自分は、本当は何をしたかったのか？

潜在意識の奥底にしまいこまれた本来の欲求やありのままの自分を思い出すことが「実存的変容」の第一歩です。

死と直面することは、「実存的変容」を起こすきっかけの一つです。

社会的な成功を収めても、どこか満たされない、自分は一体何のために生きているのだろう、そのような違和感が「実存的変容」のきっかけとなり、顕在意識と潜在意識、自らの内なる陰と陽の統合を果たすのです。

東日本大震災を通じ、日本人は今、民族としてこの「実存的変容」に直面し、集合意識を大きく変容させようとしているのです。震災を越え、生き方をガラッと変えた人は、私の周りには大勢います。皆、自分は本当は何をしたいのか、という魂の呼びかけに応えたのです。

私たちは、今こそ、生まれる前に決めてきた約束、潜在意識に眠る「魂の約束」を思い出す時がきたのです。

「魂の約束」には、この人生における計画とともに達成したい目標が秘められています。「魂の約束」をはっきり自覚できなくても、潜在意識にはしっかりと刻み込まれています。

そして、約束と違う方向に人生が向かい始めると人生に逆風が吹いてくることもあります。しかし、目指す方向へと道が整えられるや、「神力」が発揮され、とんでもなく大きなサポートと祝福が宇宙から得られるのです。「魂の約束」には、自分の浅はかな考えなど遥かに凌駕《りょうが》するほどの圧倒的なパワーが潜在しているのです。

そのときは、なんでそんな行動を取ってしまったのだろうと悩むことがあっても、後から考えれば、なるほどと納得できることがあります。

そのようなとき、自分の人生を裏から操り、行動を進化させてきた大きな力、生まれる前に決めてきたであろう今生における「魂の約束」の存在に気がつくのです。

「魂の約束」とは、本来の自分の欲求であり、この人生における目的、自分がこの人生を生きる意味なのです。私には、「魂の約束」は、シュタイナーが語るミカエルの姿と重なって見えてきます。

大谷翔平選手をはじめ、最近は将棋の藤井聡太七段、卓球の張本智和選手、サッカーの久保建英選手など各界において常識外れの快進撃をみせる日本人の若者が増えてきました。彼らは、「魂の直観」を尊重し、自らの「魂の約束」を感知し、本来の願望のままに力強く邁進しているのではないでしょうか。

潜在意識に眠る「魂の約束」を顕在意識が認識し、全身全霊を傾け、その約束の実現に人生をかける、この状態が、内なる陰と陽の統合であり、天外氏が提唱する「実存的変容」の状態です。

「実存的変容」を果たしたとき、人は、宇宙からの大きなサポートが得られ、思いもかけないような人生を歩むことになるのです。

日本人は今、民族全体として、この「実存的変容」の状態にあります。震災直後のパニック状況においても、日本人は、礼節や譲り合いを失うことはありませんでした。自分たちにとってはごく当たり前と思っていた行動が、世界に報道されるや、大絶賛を浴びることになりました。日本人は、大いに驚き、戸惑いましたが、と同時に、自分たちの特性を垣間見ることにもなったのです。今こそ、日本人は、民族としての在り方、生き方を思い出さなければなりません。

「子の年　目出度けれ」とは、本来の姿を取り戻した日本人が、世界の人々に、「魂の約束」に従った生き方や考え方を示し、地球全体に「実存的変容」を広げることではないでしょうか。

今年、二〇二〇年が転換点になれば、二〇三〇年に向かう後半の一〇年で、ついに世界の立て直しは、完成に向かうことになるのです。

二〇二〇年、夏に予定されていたオリンピックは延期されましたが、暑い暑い夏が終われば、まもなく日本は秋を迎えます。

神示が説く「待ちに待ちにし　秋来たぞ。」の「秋」を迎えることになるのです。

「神の世」の実現は、神示において「尻の毛まで抜かれていてもまだ気づかんか」とまで痛罵されている日本人の気付きにかかっています。

「世直し」を実現させるには、私たち日本人の意識の目覚めがなんとしても必要なのです。

桃太郎が示す日本人の役割

「桃太郎」というおとぎ話があります。

ご存知のように、桃太郎にお供するのは、「サル、キジ、イヌ」です。これら家来の動物たちは、神示の先の一節に登場する「申、酉、戌」そのものです。

また、桃太郎がお供に与える「きびだんご」は、先出の宿谷氏によれば、言霊的には「奇霊談合《きびだんごう》」となり、霊性、霊魂について話し合う時代がやってくることを

示すと言います。

「申、酉、戌、亥」を越え、皆が霊性について話し合う「子の年」が、まさに今年二〇二〇年なのです。

桃太郎は、「申、酉、戌」というお供たちと力を合わせ、鬼を降参させます。「日本一」の旗印を持つ桃太郎こそは日本人そのものなのです。

日本人は、相手を滅ぼしたりはしません。目指すのは、あくまでも「参った」と言わせることだけです。


「石屋《いしや》の仕組に掛かってまだ目覚めん臣民ばかり。日本精神と申して、仏教の精神やキリスト教の精神ばかりぞ。今度は神があるかないかを、はっきりと神力見せて、石屋も改心さすのぞ。」

（一二三神示　第二巻　下つ巻　第十六帖）

「石屋」とは、古代西洋社会に発祥した石工職人の組合を礎とする秘密結社フリーメイソン、石屋（イシヤ）を示すと解釈されています。

フリーメイソンの一部過激派を代表とする覇権主義派に操られた計画のままに、日本人は、第二次世界大戦後、経済的な復興は果たしても、精神性を貶められすっかり自信を失い不安定になってしまいました。

「一時は潰れたように、もう敵わんというところまでになるから、神はこの世におらんと臣民申すところまで惨《むご》いことになるから、外国が勝ったように見える時が来たら神の世近付いたのぞ。いよいよとなってこねば分からんようでは御用できんぞ。」

（一二三神示　第二巻　下つ巻　第十四帖）

外国が勝ったように見える時が来たら神の世近付く、気の引き締まる思いがしてきます。

桃太郎に象徴される日本人が、「神力」を発揮して、エゴ剥き出しにして現代社会を裏から牛耳る超国家組織を改心させよ、と神示は強く促しているのです。

そんなことが可能なのでしょうか。

モーツァルトのオペラ『魔笛』でも、日本の狩衣《かりぎぬ》を着た主人公タミーノ王子が、「悪」である「夜の女王」を降参させ、光で包み込みます。

日本人は、悪の殲滅《せんめつ》を目指して戦うことはしません。あくまでも、気付かせ、改心させ、「抱き参らせる」のです。


「神は喜であるから、人の心から悪を取り除かねば神に通じないぞと教えているが、それは段階の低い教えであるぞ。大道でないぞ。理屈のつくり出した神であるぞ。大神は大歓喜であるから、悪をも抱き参らせているのであるぞ。抱き参らす人の心に、誠の不動の天国来るぞ。抱き参らせれば、悪は悪ならずと申してあろうが。」

（一二三神示　第二十九巻　秋の巻　第一帖）


日本人が、利他、分かち合い、調和に根差した自らの生き方を世界に示すことにより、地球に蔓延する物質中心主義の限界を気づかせ、これ以上「悪」の思い通りにさせないようにすること、このような振る舞いが石屋を改心させ、神示に応えることになるのです。

相手を滅ぼそうとする気持ちは自らをも損ないます。あくまでも相手に理解させ改心を迫り、和解し「抱き参らせる」、そして、世界、ひいては宇宙の大調和を実現させる、これこそが日本人に求められる態度なのです。

日本人にそんなことできるわけがない、とも思えるでしょう。でも、このような行動は、日本人にしかできません。日本人の特性に一番気づいていないのは日本人自身なのです。

日本人の本当の強さとは、力や態度、言論で争い、相手を圧することではありません。どちらかと言えば、その対極にある日本人の強みとは、どんな逆境にあろうとも挫けることなく耐え抜き、助け合いや譲り合いの精神を忘れることなく、危機を皆で乗り越えていく力にあるのです。

例えて言うなら、強風を受けても枝をしならせて受け流し、倒れることのない柳のようなしなやかさを持ち合わせているのが日本人なのです。

今、少なからぬ人たちが、人類が直面する破滅という運命を変えようと果敢に立ち上がり始めています。

そのために必要とされる態度は、繰り返しになりますが、見えない存在に感謝を捧げ、利他と調和にのっとって生活すること、それは私たち日本人が、縄文の昔から親しんできた生き方そのものです。

本当の神とは、大自然や宇宙を造って、人間や動物や植物をつくって、生かしてくださっている目に見えない大きな力です。日本人は、このような存在に対し、感謝を捧げてきました。本来、神は拝むものではなく、感謝する存在なのです。

神に感謝し、自然を守ることは、神の心を、地球の意志を尊重することです。

このような生き方が、日本人が古来慣れ親しんできたはずの「霊性に根差した生き方」なのです。

この生き方に自信と誇りを持って、世界に広げていくことが、とりもなおさず人類を存亡の際から救い出す第一歩になるはずです。

我々の想像をはるかに超える宇宙の意志は、決して日本人を苦しめようとはしていない、いや、真の「強さ」を持つ私たち日本人は、気づきを促すための試練を与えられていると言えるのではないでしょうか。

心、そしてその根底にある魂が、真に求めるものは、お金や名誉ではありません。魂は、真に愛し、愛されることを欲しています。この魂を喜ばせ、元気にさせるよう行動していくことは、個人の健康のみならず、健全で温かい社会の育成にもつながります。

皆の意識が少しずつ変わり始め、愛に気づく人が増え、他人への奉仕、思いやりといった態度が尊重されるようになると、人心の荒廃、環境の悪化といった深刻な問題も、よい方向に向かい始めるはずです。日本人にとっては決して難しいことではないはずです。

私たちは、今こそ大自然、ひいて宇宙につながっていた私たちの祖先の生き方を思い出し、協調性や分かち合いの精神を尊重する生き方に立ち戻ることです。

縄文時代は、力による征服や支配も争いもない時代でした。人々は、宇宙を司る大いなる存在とその顕現である大自然に感謝を捧げ、怒りや不安、恐怖とは無縁で、喜び、満足感や安心感に満ち溢れた生活を送っていました。

しかし、魂の進化と成長のために、人類は神と繋がる生活から敢えて一度離れ、自由意志を選択する道を選んだのです。

宇宙にネガティブなことがないのだとすれば、縄文の文明や精神が破壊され、物質文明が極まっていく体験は、日本人にとっても人類にとっても、意識の幅を広げ、その深みを増していくためにはかけがえのない過程であったはずです。

苦難を越えた人類が到達する先には、地球、そして宇宙が一つに結びついた大調和の世界があるはずです。

私たちが、この地球上で体験する困難、苦難、試練は、魂の目覚めや成長・進化の機会であり、大いなる存在からの贈り物です。

「夜明け前の闇が一番深い」とも言います。

今追いつめられたように見える日本人にとって、なによりも大切なことは、日本人自らが、日本を愛し、日本人としての矜持を取り戻すことにつきます。日本人の気づきからすべてが始まります。

絶望の前に立ち尽くし思考を停止したまま破滅を迎えるのか、それとも、今生における使命を思い出し、敢然と立ちあがり、最後の一時まで希望を捨てずにチャレンジをつづけるのか、その答えは明らかです。

この地球に愛と調和をもたらす活動に一刻も早く加わり、奇跡の瞬間を皆と分かち合いましょう。

自らできることは、自らの感性を信じ、自らの意識を変えることです。人を変えることなどできません。でも、自らの意識を変える人が増えれば、集合意識も変わり、社会も変わっていきます。

集合意識を変えるのは、偉い人や、政治ではありません。私たち一人一人が気付くことです。

これから迎えるであろう大転換の時代を乗り越えられるかどうかは、ひとえに日本人の気づきにかかっています。

日本人の意識の目覚めが、地球の次元上昇には不可欠なのです。

第七章

コロナが新たな時代を拓く

～567《コロナ》から五六七《みろく》へ～

霊性の目覚め

「悪神の仕組はこの方には分かっているから、一度に潰すことは易いけれど、それでは天の大神様に済まんのである。悪殺してしまうのではなく、悪改心させて、五六七《みろく》の嬉し嬉しの世にするのが神の願いだから、この道理忘れるでないぞ。」

（一二三神示　第六巻　日月の巻　第十一帖）

「ミロクの世」とは、神示では、嬉し嬉しで皆が暮らす理想の世とされています。仏教でも、弥勒菩薩がこの世にくだって衆生《しゅじょう》（一切の生き物）を救うとされる未来を表します。ですから、弥勒・ミロクとは、霊性を信仰してきた日本における救いの象徴ともいえます。

ミロクに秘められたこの意味を知っていたのか、西洋では、「ミロク六六六」の数字は悪魔の数字として封印され、日本の守神である龍も翼をつけられ、サタンの使いにされています。

悪神の意に操られたかの如く、「ミロクの世」実現を阻む覇権主義派の暗躍は、戦後GHQが実施した日本愚民化政策により大きなピークを迎えます。

この作戦が見事なまでに当たり、日本人本来の精神性は損なわれ、唯物的科学主義が全盛となり、霊性を尊重する思想も否定されていきました。

しかし、日本人の意識から霊性信仰が失われていく暗然たる流れに反するかのように、じつは、陰陽論の教えそのままに、霊性再興へ向けての光も静かに広がり始めていたのです。

戦後、廃止されずに残された皇室制度が、霊性復興への重要な第一歩になったことは言うまでもありません。皇室が放つ光に呼応するかのように、時が経つにつれ、日本のあちらこちらから霊性回帰へ向けた狼煙が静かに上がり始めました。

昭和から平成へと元号が移るにつれ、霊性復活への微かな鳴動は次第に確かなものとなり、ときに地鳴りさえ伴うようになってきました。

ここでは、大分県で起こったひとつの出来事をご紹介しましょう。

その主役は、Kさんという米国在住の日本人女性でした。ご主人の仕事のため、長年米国で生活されてきたKさんは、柔和な笑顔が似合うとても上品な女性でした。

二〇〇九年に行われたとあるイベントでKさんと初めてお話してからというもの、ご帰国の折には必ずお声掛けをいただき、お会いするようになりました。

激動の人生を全うされた今は、愛するご主人と御一緒に、あちらの世界でゆっくりご静養されていることでしょう。Kさんは控えめなお方でしたから、おそらくは、もう静かにしておいてほしいとおっしゃることと思います。ですから、本名でご紹介したい衝動を抑え、ここではあえてイニシャルでお伝えすることに致します。

敬愛するKさんのメンターともいうべき存在が、Dさんという米国人女性でした。

一九八八年、まさに昭和が終わろうとしていた年、Dさんは、米国西海岸の大都市郊外にあるご自宅で、突然ある三つの巨石を霊視するとともに、老師様からのメッセージを受けとりました。

「日本の最南端の島にある、紫の山に行って、山の奥に引っ込んでしまっている光りを取り戻してくるように。

そこには、何千年も前に、天から降りてきた、三つの女神の波動を持った巨石がある。

それを探し、清め、山に光りを戻しなさい。

今、日本は物質欲に目がくらみ、ハートのこと、慈愛と感謝を忘れている。

この三つの女神様の波動が戻れば、日本の人々の心が目覚めていくことであろう。」

Dさんは、このようなメッセージを携えて、車で一五分ぐらいのところにあるKさんの家に興奮した面持ちで駆けつけてきました。

「老師様から、このような緊急メッセージをいただきました。だから是非わたしと一緒に日本までいってください」

このとき、Dさんにとっては、Kさんご夫妻が、一番近くにいる日本人でした。しかし、お二人ともに、Dさんとは初対面であったそうです。Kさんもご主人も、狐につままれたようなわけのわからないお話にただ呆然と聞き入るばかりでした。

さらにKさんが、さらに突っ込んでその場所がどこなのかを訊ねてみると、

「老師様は、『日本の最南端の島に、アメリカにちなんだ名前の場所があり、その町の山の上、紫の山の上に巨石がある。』としかおっしゃらなかった。でも、きっと探せますよ。この神社は、日本最古の女神の神社です。この地から観音様信仰が始まっています。」

とお答えになったそうです。

Dさんは、お母様が、中国とインカの血を受け、お父様はポルトガル人という三つの国の血の混ざった香港育ちの米国人でした。

日本とはまったく血のつながりのない米国人女性が、必死で、日本の人々の霊性を高め、人々に愛の心を呼び起こしたいと訴えたことにKさんは強く胸を打たれました。

「日本は、霊的にも、アジア、ひいては世界をリードして行く国です。この山に光を戻せば、人々の心は徐々に開いていきます。たくさんのスピリチュアルな先生たちが出てくるでしょうし、外国からもやってくるでしょう。本もたくさん出て、日本の人々

が霊的に目覚めます。」

とのDさんの言葉に勇気をもらい、Kさんご夫妻は意を決して動きだし、なんとか知り合いを探し出して、ついに紫の山を見つけだすことができました。

それが、大分県の聖地、大元山《おもとさん》（御許山）だったのです。

大元山は、「日本最古の女神の神社」宇佐神宮のご神体です。つまり、老師様のスピリットが語った日本の一番南にある島とは九州であり、アメリカにちなんだ場所とは、信じられないような話ですが、宇佐、USAであることが明らかになったのです。

拙著『日本の目覚めは世界の夜明け』でも述べましたように、ごく普通の外科医であった私の人生を大きく転換させる運命的なセッションを受けたのは、宇佐にほど近い英彦《ひこ》山《さん》でした。Kさんが、宇佐神宮に関わるこの貴重なエピソードを私に語ってくれたのも、私の方から英彦山での不可思議な体験をKさんにお伝えしたからでした。私の魂は、よくよく宇佐にご縁があるようです。

さて、昭和から平成に元号が変わってまもなくのこと、いよいよ来日されたDさんと

Kさんは、霊山大元山を目指します。Dさんがアメリカから持参された金色の観音像も一緒でした。

大元山の周りは鉄条網が張り巡らされていましたが、一ヵ所、たまたま破れているところがあり、そこから忍び込んだ一行は、深夜、頂上目指して登り始めました。先を急ぐDさんの後を、Kさんもやっとのことで追いかけます。真っ暗闇で足元もおぼつかないのに、その時のDさんの素早さは、天狗のようであったとKさんは私に語ってくれました。天に突き動かされた、とはこの時のDさんを指すのかもしれません。

いざ、頂上に着くと、Dさんが霊視した通りの三つの巨石が眼前にあらわれました。巨石を清め、Dさんが観音様を安置した途端、ちょうど夜明けを迎えました。Dさんが急がされたのも、相応の理由があったのです。

そのとき、あたり一面が、一瞬にして美しいレインボーの光に覆われました。と同時に、なんと、周囲の森がざわつき始め、オームというマントラが聞こえてきたのです。

まさに平成の夜明け、宇佐における霊性の目覚めの瞬間でした。

この日、日本の霊性再興への流れが勢いづくとともに、「ミロクの世」実現へ向けて、さらなる一歩が力強く踏み出されたのです。

Dさんが大元山頂上に捧げた金色の観音像は、今でも宇佐神宮すぐそばにある小さな観音堂に安置されています。この観音堂から外を眺めると、まっすぐに大元山頂上が望めます。どこかマリア様を思わせるその観音像には、今でも大元山からのエネルギーがまっすぐに降り注いでいるのです。この場で祈りを捧げるたびに、私の心は、Kさん、Dさんへの感謝の気持ちで一杯になります。

思い返せば、一九八六年に出版された『アウト・オン・ア・リム』（シャーリー・マクレーン著）や『前世療法』（ブライアン・ワイス著）、『聖なる予言』（ジェームズ・レッドフィールド著）など、山川紘矢・亜希子先生ご夫妻の翻訳による数多くの革新的な書籍が注目を浴びるようになってきたのは、まさに昭和から平成に移り変わる頃でした。そして、映画「地球交響曲《ガイアシンフォニー》」が世に出されたのも、平成に入って間もなくの一九九二年のことでした。

この時期を契機にして、日本の霊性復活への歩みは一気に加速し始めました。その一方、国際銀行家の勢いは、まるで大きなお役目を終えたかのように、徐々に弱まっていくことになるのです。なんとも見事な陰と陽の相克ではありませんか。

永遠にエネルギーの循環を続ける地球の聖なるリズムには、何人《なんびと》たりとも抗《あらが》うことはできません。この時期に、霊性復活への道筋が、しっかりと定められたのです。

このようにして、徐々に霊性に目を向ける人が増えつつある中、日本人の意識に決定的な変容をもたらすことになるあの東日本大震災が、二〇一一年に起きたのです。

この年の九月に発刊された本が、矢作直樹東京大学名誉教授による『人は死なない』でした。時期が時期であるだけに、現役の東大教授（当時）という立場から、死後の命についてストレートに言及したその内容は、世間に強烈なインパクトを与えました。

翌二〇一二年は、一二月二三日に人類が滅亡するとの予言が世間の耳目を集めた年でした。

宇都宮在住のアーティスト篠崎崇氏は、実際には、この二〇一二年こそが、日本における真の目覚めの年であったと語ります。日本人の集合意識は、前年の大震災で強く揺さぶられ、この年ついに覚醒に向かい始めたのです。

日本人が自らの姿に気づくなどということは、覇権主義派にとってはまさに悪夢でしかありません。二〇一二年に終焉に向かい始めたのは、他ならぬ、彼らの世界制覇への野望だったわけです。

二〇一二年に落成したスカイツリーの土台からの高さは、じつは六六六（ミロク）メートルです。

この年、日本の霊性復活を象徴的に告げるように、高さを六六六の半分の三三三メートルに抑えられた東京タワーは、主役の座を六六六メートルのスカイツリーへと明け渡すことになったのです。

篠崎氏によれば、日光東照宮の五重塔の標高も六六六メートルであり、両者が東武鉄道一本で結ばれていることもじつに象徴的です。

スカイツリー、東照宮が掲げる六六六の旗印のもと、霊性を尊重する社会が訪れ、皆が愛と分かち合いの中で暮らすことができれば、心身の健康は向上し、永遠に続く魂の成長・進化も格段に促進されることでしょう。

コロナによる社会の建て替え

日本人は今、新型コロナウィルス禍に遭遇し、命の危機に直面した東日本大震災の時と同じように、自分の人生において何が大切なのかという根源的な問いかけと向き合っています。

パンデミックへの不安こそ和らいできましたが、社会活動の広範な自粛要請に伴い、商工業活動や移動が抑制され、経済は冷え込んできています。収入が激減し苦労されている方にとってはつらい日々が続きます。しかし、大震災と比較すれば、生命の危険性は決して高くはありません。収入は減ってしまったかもしれませんが、命があれば、また必ずやり直しができるはずです。

見方を変えれば、これまでどうしても手にすることができなかった「自由」な時間が目の前に突然現れたとみることもできるのではないでしょうか。この予想もしなかった状況は、「魂の直感」をもって、これまでの生き方や考え方を見つめなおす千載一遇のチャンスであるのかもしれません。

さまざまな仕事上の会合や私的な集まりは次々と中止となり、学校の休みも延長され、親も子供も共に家で過ごす時間が長くなりました。しかし、悲観的になることなく、逆にこの機会を活用し、これまで十分に話してこられなかった子供たちと深くふれあうことができたら、家族にとっては何ものにも代えがたい貴重な時間になることでしょう。

「密閉・密集・密接」の原因と非難はされましたが、ショッピングセンターでは親子の姿が格段に増えました。普段は予約でいっぱいのレストランも積極的にテイクアウトのサービスを始め、お客さんの人気を集めています。

毎日家族と過ごし、一緒においしい食事を食べられるというごく当たり前の生活がいかにありがたいことなのか、自分の人生においてかけがえのないものはなにか、多くの人が本当に大切なことに気が付き始めたのではないでしょうか。すでに意識の変容が始まったかのようにも思えます。

経済活動は低下しましたが、その反面、地球には青空や清流が戻りつつあり、環境の浄化が進んでいます。ヨーロッパ諸国で行われている休業補償も、期間限定であるだけに、ベーシック・インカムの予行演習といえなくもありません。この先、社会変容のきっかけになる可能性を秘めています。

政府からの要請に伴い、日本においても多くの会社が出勤を自粛し始め、ＩＴ環境を利用したテレワークが盛んに導入されるようになりました。その結果、毎日会社に通勤しなくても行える職務は決して少なくない、という現実に多くの人が気付き始めました。図らずも、政府が推し進めようとしていた「働き方改革」が一気に加速されてしまったかのような動きであり、シュタイナーが描いた未来の社会構造を彷彿とさせます。

ＩＴ環境の進展に加え、今後さらに太陽光や風力発電などが普及し、フリーエネルギー技術が実用化されることになれば、これまで限界集落と見なされてきた地域が、大きな変貌を遂げる可能性があります。

日本総合研究所の藻谷浩介氏は、岡山県の山あいにある真庭市において、製材過程で生じる木くずを利用した「木質バイオマス発電」や、木くずから生まれる燃料「木質ペレット」などが広く利用され、すでに地域のエネルギーの一一％をまかなっていることを紹介しています（藻谷浩介、ＮＨＫ広島取材班 著『里山資本主義』二〇一三年発行）。

森林資源の豊富な日本では、薪や木炭もごく普通に使われてきました。石油缶に断熱材を入れ、エネルギー効率を良くした「エコストーブ」なら、雑木五本で一日分の美味しいご飯が炊けるといいます。フリーエネルギーの導入を待つまでもなく、それぞれの地域独自の資源を利用するよう工夫すれば、地方におけるエネルギー自給の比率はさらに高まることでしょう。

エネルギーだけではありません。里山で安く畑を借り受けて野菜作りを始めれば、野菜を買う必要がなくなります。作りすぎた新鮮な野菜をお互いに譲り合えばさらに食卓は賑わうでしょう。海や川が近ければ、夕飯に一品魚料理を加えることもできます。じつは里山暮らしは、都会生活と比べはるかにお金がかからないと藻谷氏は指摘します。

限界集落こそは、豊かで人間らしい生き方を実現させてくれる魅力ある土地なのではないか、と感じる人たちが増えれば、明治維新以降、一貫して都会に向いてきた人の流れがこの先、自然に恵まれた地域へと転換していくことになることでしょう。私の周りでも、都会での会社勤務を離れ、新たに農業を選択する人たちが続々と現われています。すでに脱都会の兆しは見られているといえそうです。

地球のケア・テイカーとして自然に手をかけさえすれば、里山は里山であり続けこれからも生活を支えてくれるのです、世界経済がどうなろうとも。こんなに心強いことはありません。

都会から地方へ、という生き方の一大転換は、仕事だけではなく、教育にも変革をもたらすことになるかもしれません。子供たちが自然に溢れた環境のなかで豊かな情操や霊性を育むことができたら、生きることへの向き合い方が多角的になり、人生における選択の幅も限りなく広がっていくことでしょう。知識や記憶力偏重になりがちであった学校教育の在り方にも、一石を投じることになるはずです。

じつは、「里山資本主義」は、イスラエルのキブツ（同国独特の集団農業共同体）において、すでにかなりの発展を遂げているのです。その礎を築いたのは他ならぬ、イスラエル初代首相であり、「建国の父」とも称されるダヴィド・ベングリオンでした。

ベングリオンは、独立戦争でアラブ連合軍と戦火を交えた苦い経験から、不毛の砂漠や荒野を開発できれば、パレスチナ人の不満を抑えられるばかりではなく、ユダヤ人として人類に大きく貢献できるのでは、と考えました。そして、熱砂による嵐や他民族に襲われる可能性があったにもかかわらず、首相在任中の六七歳のときに、自ら率先してネゲヴ砂漠のキブツに移ったのです。

彼は、旧約聖書の舞台となった砂漠を「イスラエル民族揺籃の地」と表現し、開拓の必要性を国民に訴えかけました。人口の荒地への分散は、国家防衛の観点からも重要な方策と考えたからです。とは言え、過酷な砂漠の開拓には、日本の里山開発とは比ぶべくもない、想像を絶するような努力と勇気が必要になります。

しかし、「砂漠は国家の栄光と望み」との理念のもと、ベングリオンと彼の後継者たちは、果敢に挑戦を続けました。そして、大貯水池造設に加え、海水の淡水化、太陽光エネルギーなどの技術を世界に先駆けて実用化し、ついに不毛の地を緑化、農地化することに成功したのです。その結果、同国の近年における食料自給率は、九〇%を超えるまでになりました。

環境保全よりも金儲けが優先され、食料自給率が低下する一方の我が国が、イスラエルの姿勢から学ぶべき点は多いはずです。今後、新型コロナウィルスに起因する経済の大変動が日本を襲うかもしれません。しかし、たとえ経済がどうなろうとも、砂漠に国の未来を託してたゆまぬ努力を重ね、見事に独立戦争の荒廃から甦ったイスラエルの在り方は、この先日本が目指すべき社会モデルの一つになるに違いありません。

本書では、ユダヤ人国際銀行家の負の側面ばかりが強調されすぎたかもしれません。

しかし、当然のことながら、ベングリオンのように高い志を持って、世界に多大な貢献をした多くのユダヤ人たちの姿も決して忘れてはならないと思います。

天賦の才能と情熱をいかなる動機で用いるのか、つまり、利他を目指すのか、それともエゴに向かうのかによって、人類への影響は全く正反対になってしまうことを、ユダヤ人は教えてくれています。私たちはこの教訓を肝に銘じる必要があるでしょう。

いかがでしょうか。人類は、これまでの物質主義、拝金主義を見直し、人間らしい幸せな暮らしとは何かを考え、新たな生き方を模索する時期を迎えたとはいえないでしょうか。ウィルス騒動が落ち着いて、外出制限が解かれても、もはや以前の生活にそのまま逆戻りすることはないでしょう。

人類は、新型５６７《コロナ》ウィルスによる騒乱をうまく乗り越え、旧弊の社会システムに代わり、愛と光に満ちた「五六七《みろく》の世」を実現させるに違いない、そんな希望が湧いてきます。そうなれば、必ずや世界は大調和に包まれ、地球の自然も美しさと調和を取り戻すことでしょう。

おわりに

宇佐での神事に象徴されるように、平成の始まりが霊性の目覚めであったとしたら、令和の始まりは、「ミロクの世」の夜明けと言えるでしょう。

メディアの喧騒の中、日本では新型コロナウィルスによるオーバーシュートは起きないとの見通しのもと、私は本書の執筆を進めてきましたが、もはや訂正の必要はなさそうです。新型コロナウィルス感染を契機とする全世界の大掃除と建て替えは、天の揺るがぬ意思であるのでしょう。

霊性復活と自然回帰という今回のパラダイムシフトにおける日本人の役割はたいへんに重要です。アセンションへの道は、日本人が拓き、そして導くのです。

もう後戻りはできません。新しい社会の実現は、ひとえに私たちが希望を共有できるかにかかっています。私たちは、子どもや孫たちの世代のためにも、希望を胸に、強い覚悟をもって前に進むしかないのです。

「御光の　輝く御世と　なりにけり

嬉し嬉しの　岩戸開けたり
あなさやけ　三千年の　夜は明けて
人神《ひとかみ》となる　時は来にけり

………

光の大神、弥栄《やさか》益しませ、弥栄《やさか》益しませ、
光の大神、守り給え、幸《さき》わえ給えと申せよ。
弥栄弥栄。」

（一二三神示　第二十一巻　空の巻　第十四帖）

この先も社会変動に伴う厳しい試練が待ち受けていることでしょう。しかし、夜明け前の闇が一番深いとはよく言われることです。

この生みの苦しみを乗り越えた先には、岩戸開きとなる輝かしい夜明けが待っているはずです。そのときに、地球はいよいよ「霊性の時代」を本格的に迎えることになるのです。

光の大神ことグレイト・スピリットの愛の光が遍《あまね》く広がり、宇宙に存在する全てが一体となって調和する弥勒の世、弥栄永遠《やさかとわ》の世が、一日も早く到来することを願うばかりです。

謝辞

本書の出版にあたり、関わって下さいましたすべての皆様にこの場を借りて、深甚なる感謝を捧げます。

東京大学名誉教授（医学博士）矢作直樹先生には、お忙しいなかを本稿に目をお通しいただき、貴重なご助言とともにご推薦のお言葉を頂戴いたしました。

稿を進めるにあたっては、ウィスコンシン医科大学名誉教授・高橋徳先生、立教大学名誉教授・濁川孝志先生、慶應義塾大学教授を務められた高橋巖先生、文筆家の宿谷直晃先生と後藤征士先生、アーティストの篠崎崇先生から、本書に欠かすことのできない重要な示唆を多々いただきました。

また、（有）アセント代表取締役の梅木良子様、米国在住の友人中村好子様と西田マコ様には、たいへん有用な情報とともに素晴らしい書籍をご紹介いただきました。中村様には、前著『日本の目覚めは世界の夜明け』と同様に、本書タイトルの英訳もお願いしています。

余談ながら、私の名前の総画数は三六、ミロクです。この名を持って世に出してくれた両親にも感謝したいと思います。

出版にあたっては、いつもながら、でくのぼう出版代表熊谷えり子様と成内一崇様に、たいへんなご尽力を賜りました。

最後になりますが、この本を手に取り、お読み下さいました皆様に心より御礼申し上げます。

令和二年　五月　吉日

長堀　優

一般財団法人　育生会横浜病院　院長

長堀　優（ながほり　ゆたか）

一般外科・消化器外科医として、がんや救急医療の現場での体験を重ねるにつれ、次第に身体を超えた命の存在を確信する。そして、物質主義・拝金主義が極まり、存亡の危機を迎えた現代社会に必要なものは、霊性に根差した生き方であるとの信念に基づき、講演や執筆活動を続けている。

日本臨床外科学会評議員、日本消化器外科学会指導医、日本医療催眠学会顧問、日本ホリスティック医学協会理事、日本ホメオパシー協会顧問。

著書：『見えない世界の科学が医療を変える』『日本の目覚めは世界の夜明け』『日本の約束（矢作直樹、濁川孝志 共著）』『タマシイはひたすらびっくり体験とわくわくアイデアだけを求めてあなたにやって来た！（池川明 共著）』他

いざ、霊性の時代へ
～日本が導くアセンションへの道～

二〇二〇年 八月 五日 初版 第一刷 発行

著 者 長堀 優

装 幀 桑原 香菜子

発行者 山波言太郎総合文化財団

発行所 でくのぼう出版
神奈川県鎌倉市由比ガ浜 四―四―一一
TEL 〇四六七―二五―七七〇七
ホームページ https://yamanami-zaidan.jp/dekunobou

発売元 星雲社（共同出版社・流通責任出版社）
東京都文京区水道 一―三―三〇
TEL 〇三―三八六八―三二七五

印刷所 株式会社 シナノ パブリッシング プレス

ISBN978-4-434-27614-9

〈でくのぼう出版〉長堀　優の本

見えない世界の科学が医療を変える
がんの神様 ありがとう

長堀　優 著　定価1,300円+税　四六判／208ページ

「がんの神様、ありがとう」という一文には、がんをも含めた自分自身を生かしている大自然の大いなる営み、そのすべてに対する畏敬の念と感謝が込められています。この本を読み終えられる頃には、その真意が必ずや分かっていただけることと思います。

——— 長堀　優（本書「はじめに」より抜粋）

目次より　第一章　こころの健康を考える 〜病を医するは自然なり〜 ／第二章　西洋医学は万能なのか／第三章 量子論の説く世界観とは／ 第四章 こころとがんについて／第五章 こころで身体は変わる／第六章 がんの医療を考える／第七章 東洋哲学と西洋医学が新しい医療と新しい社会を拓く／桑原啓善先生に捧ぐ

推薦　**村上和雄** 先生（筑波大学名誉教授　遺伝子学者）
池川 明 先生（胎内記憶の産婦人科医　医学博士）

日本の目覚めは世界の夜明け
〜今蘇る縄文の心

長堀　優 著　定価1,400円+税　四六判／272ページ+カラー口絵

目次より
序　章　文明の分岐点
第一章　広島・長崎が伝える現代へのメッセージ — 身土不二
第二章　知覧と安曇野を巡るシンクロニシティ — 神の計らい
第三章　東洋と西洋の接点 I — 輝ける縄文時代とメソポタミア文明
第四章　東洋と西洋の接点 II —「海人族」はどこから？
第五章　東洋と西洋の接点 III — 日本神話と古代イスラエル
第六章　古代日本に思いを馳せる旅 — 中央構造線と千ヶ峰トライアングル
第七章　これからの生き方を考える — 真の健康とは？
終　章　戦争の世紀を越えて

推薦　**土肥雪彦**《どひきよひこ》 先生（広島大学名誉教授　外科医）
「縄文時代から掘り起こし、現代、未来へと世界を導く、思いやりと愛に満ちた洞察と叡智が本書（ここ）にあります。『この国、日本に生まれてよかった』、しみじみ思いました」